Livraison   *Prix.*   *40 centimes.*

Édition illustrée par Célestin Nanteuil.

JEAN RACINE

C. NANTEUIL.

PARIS.

CHARLES GUILLER, ÉDITEUR,

RUE DU PONT-DE-LODI, 5.

1844

CHARLES GUILLER, ÉDITEUR.

RACINE,

NOUVELLE ÉDITION, ILLUSTRÉE DE 200 A 250 DESSINS,

PAR CÉLESTIN NANTEUIL,

GRAVÉS SUR BOIS PAR LES MEILLEURS ARTISTES.

PRIX : 40 CENTIMES LA LIVRAISON,

Contenant 16 pages de texte grand in-8°, illustrées de 3 à 4 gravures, et d'une grande vignette tirée sur papier teinté,

Et 50 cent. la livraison avec une grande vignette tirée sur papier de Chine, 10 cent. en sus par la poste.

Prospectus.

C'est une agréable et utile manière de commenter les œuvres des grands poètes que de les expliquer par la peinture ou le dessin, que de donner une forme et un corps à leurs conceptions les plus idéales, aux types les plus poétiques créés par l'imagination ou la fantaisie. Dans ce genre, nous devons avouer que nous sommes de beaucoup en arrière de l'Angleterre; notre librairie, si prodigue d'illustrations de toute espèce pour les œuvres contemporaines de la plus médiocre portée, semble avoir oublié, sinon négligé à dessein, les chefs-d'œuvre de notre grande littérature classique.

L'illustration, en donnant une forme aux idées et aux types, en mettant en scène tout ce que les règles, peut-être trop sévères, du théâtre classique ont

1844

forcé de traduire par des récits, avait cependant beaucoup à faire avec les poètes dramatiques : en même temps qu'elle pouvait faciliter l'intelligence des situations seulement indiquées, il ne lui était pas impossible de prétendre à populariser les grandes œuvres, en ajoutant du charme et apportant une distraction agréable à leur lecture. C'est ce que nous tentons aujourd'hui, avec l'espoir, la certitude même d'un succès, fondé non-seulement sur le mérite des œuvres et sur la gloire du grand poète, mais surtout sur le sentiment poétique, le goût et l'art qui ont présidé au choix et à l'exécution de nos sujets.

Ne sera-ce pas, en effet, un livre plein d'intérêt et de variété, que celui qui résumera la narration par des tableaux vrais et saisissants? — vous montrant, tour à tour, la mort de Pyrrhus au pied de l'autel; — Britannicus expirant dans la salle du festin; — l'arrivée d'Iphigénie et de Clytemnestre dans le camp, au milieu des acclamations et des fleurs; — le sacrifice de la douce et chaste fille d'Agamemnon; — Hippolyte entraîné par ses coursiers furieux; — le songe d'Athalie; — et tant d'autres scènes déjà si magnifiques dans le récit, et que la peinture, en les animant, rendra en quelque sorte plus présentes et plus dramatiques?

N'est-ce pas une œuvre belle et digne d'intéresser tous les admirateurs du grand poète que celle qui fera revivre par le dessin ces types adorables ou terribles, ces caractères héroïques et sublimes, en réunissant les traits de chaque personnage épars dans la description ou dans le dialogue, en en faisant un tout qui matérialise, en quelque sorte, la pensée du poète, ou s'en rapproche assurément plus que les comédiens, dont la stature, le visage et le maintien sont si rarement en harmonie avec l'idée qu'on s'est faite de ces héros grandioses?

L'artiste consciencieux et plein de talent qui s'est chargé de ce travail, M. Célestin Nanteuil, s'est livré à une profonde et sérieuse étude, non-seulement du poète dont nous publions l'œuvre, mais encore de toutes les sources auxquelles le poète a lui-même puisé dans le théâtre grec et dans le théâtre latin; néanmoins il a su, quand il en a senti la nécessité, et cela sans jamais renoncer à l'élévation et à la sévérité du style, compléter, à l'aide de son imagination féconde et poétique, ce que la tradition ou le texte n'expliquait que vaguement ou imparfaitement, en ce qui concerne les caractères, les figures et les costumes.

Une notice sur la vie et les ouvrages de Racine, renfermant quelques détails inédits sur la vie privée du poète, et une appréciation de ses œuvres, faite au point de vue du goût et de la littérature de notre époque, sera jointe à cette édition et paraîtra dans les dernières livraisons.

Le texte, revu avec le plus grand soin, d'après les meilleurs commentateurs, sera d'une correction irréprochable, et qui manque à presque toutes les nouvelles éditions de Racine.

CONDITIONS DE LA SOUSCRIPTION.

RACINE sera publié en 50 livraisons.

L'ouvrage formera un fort volume, format très-grand in-8°, papier vélin glacé.

Le prix de la livraison est de 40 centimes, contenant 16 pages de texte grand in-8°, illustrées de 3 à 4 gravures, et d'une grande vignette tirée sur papier teinté; et 50 centimes la livraison avec une grande vignette tirée sur papier de Chine. 10 centimes en sus par la poste.

Pour faciliter les souscripteurs chaque tragédie se vendra séparément.

Il paraîtra une ou deux livraisons par semaine.

ON SOUSCRIT A PARIS,

CHEZ CHARLES GUILLER, ÉDITEUR,

RUE DU PONT-DE-LODI, 5;

CHEZ GARNIER FRÈRES,

PALAIS-ROYAL, PÉRISTYLE MONTPENSIER, 214;

ET CHEZ TOUS LES LIBRAIRES DE LA FRANCE ET DE L'ÉTRANGER.

On souscrit également chez les mêmes libraires

A

MATHILDE, PAR EUGÈNE SUE,

Édition illustrée, grand format in-8°, en 70 livraisons, ornée de 250 à 300 Dessins.

Le premier volume est en vente.

Le prix de la livraison est de 50 centimes. Chaque livraison contient une feuille de 16 pages de texte, une grande gravure sur bois, imprimée sur feuillet séparé et représentant soit une scène, soit un personnage-type en pied, et trois ou quatre gravures moyennes dans le texte; le tout renfermé dans une couverture imprimée avec vignette.

OEUVRES DE BARNAVE,

4 volumes in-8°. — Prix : 20 fr.

Sous presse, pour paraître incessamment :

CORNEILLE ILLUSTRÉ.

Paris, imprimé par BÉTHUNE et PLON.

JEAN RACINE

NEC PLURIBUS ... MPA

CELESTIN NANTEUIL

LAISNÉ ET ADELE LE.

Imprimé par Bérbone et Flon

ACTE Iᵉʳ. — *Étéocle recevant du combat.*

PRÉFACE

DE LA THÉBAÏDE, OU LES FRÈRES ENNEMIS.

Le lecteur me permettra de lui demander un peu plus d'indulgence pour cette pièce que pour les autres qui la suivent : j'étais fort jeune quand je la fis. Quelques vers que j'avais faits alors tombèrent par hasard entre les mains de quelques personnes d'esprit; elles m'excitèrent à faire une tragédie, et me proposèrent le sujet de la Thébaïde.

Ce sujet avait été autrefois traité par Rotrou, sous le nom d'Antigone : mais il faisait mourir les deux frères dès le commencement de son troisième acte. Le reste était en quelque sorte le commencement d'une autre tragédie, où l'on entrait dans des intérêts tout nouveaux; et il avait réuni en une seule pièce deux actions différentes, dont l'une sert de matière aux Phéniciennes d'Euripide, et l'autre à l'Antigone de Sophocle.

Je compris que cette duplicité d'action avait pu nuire à sa pièce, qui d'ailleurs était remplie de quantité de beaux endroits. Je dressai à peu près mon plan sur les Phéniciennes d'Euripide : car pour la Thébaïde qui est dans Sénèque, je suis un peu de l'opinion d'Heinsius, et je tiens, comme lui, que non-seulement ce n'est point une tragédie de Sénèque, mais que c'est plutôt l'ouvrage d'un déclamateur qui ne savait ce que c'était que tragédie.

La catastrophe de ma pièce est peut-être un peu trop sanglante; en effet, il n'y paraît presque pas un acteur qui ne meure à la fin : mais aussi c'est la Thébaïde, c'est-à-dire le sujet le plus tragique de l'antiquité.

L'amour, qui a d'ordinaire tant de part dans les tragédies, n'en a presque point ici : et je doute que je lui en donnasse davantage si c'était à recommencer; car il faudrait ou que l'un des deux frères fût amoureux, ou tous les deux ensemble. Et quelle apparence de leur donner d'autres intérêts que ceux de cette fameuse haine qui les occupait tout entiers? Ou bien il faut jeter l'amour sur un des seconds personnages, comme j'ai fait; et alors cette passion, qui devient comme étrangère au sujet, ne peut produire que de médiocres effets. En un mot, je suis persuadé que les tendresses ou les jalousies des amants ne sauraient trouver que fort peu de place parmi les incestes, les parricides, et toutes les autres horreurs qui composent l'histoire d'Œdipe et de sa malheureuse famille.

ACTEURS.

ÉTÉOCLE, roi de Thèbes.
POLYNICE, frère d'Étéocle.
JOCASTE, mère de ces deux princes et d'Antigone.
ANTIGONE, sœur d'Étéocle et de Polynice.
CRÉON, oncle des princes et de la princesse.

HÉMON, fils de Créon, amant d'Antigone.
OLYMPE, confidente de Jocaste.
ATTALE, confident de Créon.
Un Soldat de l'armée de Polynice.
Gardes.

La scène est à Thèbes, dans une salle du palais royal.

ACTE PREMIER.

SCÈNE I.

JOCASTE, OLYMPE.

JOCASTE. Ils sont sortis, Olympe? Ah! mortelles douleurs!
Qu'un moment de repos me va coûter de pleurs!
Mes yeux depuis six mois étaient ouverts aux larmes,
Et le sommeil les ferme en de telles alarmes!

Puisse plutôt la mort les fermer pour jamais,
Et m'empêcher de voir le plus noir des forfaits !
Mais en sont-ils aux mains ?

OLYMPE. Du haut de la muraille
Je les ai vus déjà tous rangés en bataille ;
J'ai vu déjà le fer briller de toutes parts,
Et pour vous avertir j'ai quitté les remparts.
J'ai vu, le fer en main, Étéocle lui-même ;
Il marche des premiers, et d'une ardeur extrême
Il montre aux plus hardis à braver le danger.

JOCASTE. N'en doutons plus, Olympe, ils se vont égorger.
Que l'on coure avertir et hâter la princesse ;
Je l'attends. Juste ciel, soutenez ma faiblesse !
Il faut courir, Olympe, après ces inhumains ;
Il les faut séparer, ou mourir par leurs mains.
Nous voici donc, hélas ! à ce jour détestable
Dont la seule frayeur me rendait misérable !
Ni prières ni pleurs ne m'ont de rien servi,
Et le courroux du sort voulait être assouvi.
O toi, Soleil, ô toi, qui rends le jour au monde,
Que ne l'as-tu laissé dans une nuit profonde !
A de si noirs forfaits prêtes-tu tes rayons,
Et peux-tu sans horreur voir ce que nous voyons ?
Mais ces monstres, hélas ! ne t'épouvantent guères,
La race de Laïus les a rendus vulgaires ;
Tu peux voir sans frayeur les crimes de mes fils,
Après ceux que le père et la mère ont commis.
Tu ne t'étonnes pas si mes fils sont perfides,
S'ils sont tous deux méchants, et s'ils sont parricides ;
Tu sais qu'ils sont sortis d'un sang incestueux,
Et tu t'étonnerais s'ils étaient vertueux.

SCÈNE II.

JOCASTE, ANTIGONE, OLYMPE.

JOCASTE. Ma fille, avez-vous su l'excès de nos misères ?
ANTIGONE. Oui, madame ; on m'a dit la fureur de mes frères.

JOCASTE. Allons, chère Antigone, et courons de ce pas
Arrêter, s'il se peut, leurs parricides bras.
Allons leur faire voir ce qu'ils ont de plus tendre ;
Voyons si contre nous ils pourront se défendre,
Ou s'ils oseront bien, dans leur noire fureur,
Répandre notre sang pour attaquer le leur.
ANTIGONE. Madame, c'en est fait, voici le roi lui-même.

SCÈNE III.

JOCASTE, ÉTÉOCLE, ANTIGONE, OLYMPE.

JOCASTE. Olympe, soutiens-moi ; ma douleur est extrême.
ÉTÉOCLE. Madame, qu'avez-vous ? et quel trouble...
         JOCASTE. Ah ! mon fils !
Quelles traces de sang vois-je sur vos habits ?
Est-ce du sang d'un frère, ou n'est-ce point du vôtre ?
ÉTÉOCLE. Non, madame, ce n'est ni de l'un ni de l'autre.
Dans son camp jusqu'ici Polynice arrêté,
Pour combattre, à mes yeux ne s'est point présenté.
D'Argiens seulement une troupe hardie
M'a voulu de nos murs disputer la sortie :
J'ai fait mordre la poudre à ces audacieux ;
Et leur sang est celui qui paraît à vos yeux.
JOCASTE. Mais que prétendiez-vous ? et quelle ardeur soudaine
Vous a fait tout à coup descendre dans la plaine ?
ÉTÉOCLE. Madame, il était temps que j'en usasse ainsi,
Et je perdais ma gloire à demeurer ici.
Le peuple, à qui la faim se faisait déjà craindre,
De mon peu de vigueur commençait à se plaindre,
Me reprochant déjà qu'il m'avait couronné,
Et que j'occupais mal le rang qu'il m'a donné.
Il le faut satisfaire ; et, quoi qu'il en arrive,
Thèbes dès aujourd'hui ne sera plus captive :
Je veux, en n'y laissant aucun de mes soldats,
Qu'elle soit seulement juge de nos combats.
J'ai des forces assez pour tenir la campagne,
Et si quelque bonheur nos armes accompagne,

L'insolent Polynice et ses fiers alliés,
Laisseront Thèbes libre, ou mourront à mes pieds.

JOCASTE. Vous pourriez d'un tel sang, ô ciel! souiller vos armes!
La couronne pour vous a-t-elle tant de charmes?
Si par un parricide il la fallait gagner,
Ah mon fils! à ce prix voudriez-vous régner?
Mais il ne tient qu'à vous, si l'honneur vous anime,
De nous donner la paix sans le secours d'un crime,
Et, de votre courroux triomphant aujourd'hui,
Contenter votre frère, et régner avec lui.

ÉTÉOCLE. Appelez-vous régner partager ma couronne,
Et céder lâchement ce que mon droit me donne!

JOCASTE. Vous le savez, mon fils, la justice et le sang
Lui donnent, comme à vous, sa part à ce haut rang :
Œdipe, en achevant sa triste destinée,
Ordonna que chacun régnerait son année,
Et, n'ayant qu'un État à mettre sous vos lois,
Voulut que tour à tour vous fussiez tous deux rois.
A ces conditions vous daignâtes souscrire.
Le sort vous appela le premier à l'empire;
Vous montâtes au trône; il n'en fut point jaloux :
Et vous ne voulez pas qu'il y monte après vous!

ÉTÉOCLE. Non, madame; à l'empire il ne doit plus prétendre.
Thèbes à cet arrêt n'a point voulu se rendre;
Et, lorsque sur le trône il s'est voulu placer,
C'est elle, et non pas moi, qui l'en a su chasser.
Thèbes doit-elle moins redouter sa puissance,
Après avoir six mois senti sa violence?
Voudrait-elle obéir à ce prince inhumain,
Qui vient d'armer contre elle et le fer et la faim!
Prendrait-elle pour roi l'esclave de Mycène,
Qui pour tous les Thébains n'a plus que de la haine,
Qui s'est au roi d'Argos indignement soumis,
Et que l'hymen attache à nos fiers ennemis?
Lorsque le roi d'Argos l'a choisi pour son gendre,
Il espérait par lui de voir Thèbes en cendre.
L'amour eut peu de part à cet hymen honteux,
Et la seule fureur en alluma les feux.
Thèbes m'a couronné pour éviter ses chaînes,

Elle s'attend par moi de voir finir ses peines :
Il la faut accuser si je manque de foi ;
Et je suis son captif, je ne suis pas son roi.

JOCASTE. Dites, dites plutôt, cœur ingrat et farouche,
Qu'auprès du diadème il n'est rien qui vous touche.
Mais je me trompe encor ; ce rang ne vous plaît pas,
Et le crime tout seul a pour vous des appas.
Eh bien ! puisqu'à ce point vous en êtes avide,
Je vous offre à commettre un double parricide :
Versez le sang d'un frère ; et, si c'est peu du sien,
Je vous invite encore à répandre le mien.
Vous n'aurez plus alors d'ennemis à soumettre,
D'obstacle à surmonter, ni de crime à commettre ;
Et, n'ayant plus au trône un fâcheux concurrent,
De tous les criminels vous serez le plus grand.

ÉTÉOCLE. Eh bien, madame, eh bien, il faut vous satisfaire ;
Il faut sortir du trône, et couronner mon frère ;
Il faut, pour seconder votre injuste projet,
De son roi que j'étais, devenir son sujet :
Et, pour vous élever au comble de la joie,
Il faut à sa fureur que je me livre en proie ;
Il faut par mon trépas...

JOCASTE. Ah ciel ! quelle rigueur !
Que vous pénétrez mal dans le fond de mon cœur !
Je ne demande pas que vous quittiez l'empire ;
Régnez toujours, mon fils, c'est ce que je désire.
Mais si tant de malheurs vous touchent de pitié,
Si pour moi votre cœur garde quelque amitié,
Et si vous prenez soin de votre gloire même,
Associez un frère à cet honneur suprême :
Ce n'est qu'un vain éclat qu'il recevra de vous ;
Votre règne en sera plus puissant et plus doux ;
Les peuples, admirant cette vertu sublime,
Voudront toujours pour prince un roi si magnanime ;
Et cet illustre effort, loin d'affaiblir vos droits,
Vous rendra le plus juste et le plus grand des rois.
Ou, s'il faut que mes vœux vous trouvent inflexible,
Si la paix à ce prix vous paraît impossible,
Et si le diadème a pour vous tant d'attraits,

Au moins consolez-moi de quelque heure de paix,
Accordez cette grâce aux larmes d'une mère.
Et cependant, mon fils, j'irai voir votre frère :
La pitié dans son âme aura peut-être lieu ;
Ou du moins pour jamais j'irai lui dire adieu.
Dès ce même moment permettez que je sorte :
J'irai jusqu'à sa tente, et j'irai sans escorte ;
Par mes justes soupirs j'espère l'émouvoir.

ÉTÉOCLE. Madame, sans sortir vous le pouvez revoir ;
Et, si cette entrevue a pour vous tant de charmes,
Il ne tiendra qu'à lui de suspendre nos armes.
Vous pouvez dès cette heure accomplir vos souhaits,
Et le faire venir jusque dans ce palais.
J'irai plus loin encore ; et, pour faire connaître
Qu'il a tort en effet de me nommer un traître,
Et que je ne suis pas un tyran odieux,
Que l'on fasse parler et le peuple et les dieux.
Si le peuple y consent, je lui cède ma place ;
Mais qu'il se rende enfin, si le peuple le chasse.
Je ne force personne, et j'engage ma foi
De laisser aux Thébains à se choisir un roi.

SCÈNE IV

JOCASTE, ÉTÉOCLE, ANTIGONE, CRÉON, OLYMPE.

CRÉON. Seigneur, votre sortie a mis tout en alarmes ;
Thèbes, qui croit vous perdre, est déjà tout en larmes,
L'épouvante et l'horreur règnent de toutes parts ;
Et le peuple effrayé tremble sur ses remparts.

ÉTÉOCLE. Cette vaine frayeur sera bientôt calmée.
Madame, je m'en vais retrouver mon armée ;
Cependant vous pouvez accomplir vos souhaits,
Faire entrer Polynice, et lui parler de paix.
Créon, la reine ici commande en mon absence ;
Disposez tout le monde à son obéissance ;
Laissez, pour recevoir et pour donner ses lois,
Votre fils Ménécée, et j'en ai fait le choix :

Comme il a de l'honneur autant que de courage,
Ce choix aux ennemis ôtera tout ombrage,
Et sa vertu suffit pour les rendre assurés.

(*A Créon.*)

Commandez-lui, madame. Et vous, vous me suivrez.

CRÉON. Quoi, seigneur!...

ÉTÉOCLE. Oui, Créon, la chose est résolue.

CRÉON. Et vous quittez ainsi la puissance absolue!

ÉTÉOCLE. Que je la quitte ou non, ne vous tourmentez pas;
Faites ce que j'ordonne, et venez sur mes pas.

SCÈNE V.

JOCASTE, ANTIGONE, CRÉON, OLYMPE.

CRÉON. Qu'avez-vous fait, madame! et par quelle conduite
Forcez-vous un vainqueur à prendre ainsi la fuite!
Ce conseil va tout perdre.

JOCASTE. Il va tout conserver;
Et par ce seul conseil Thèbes se peut sauver.

CRÉON. Eh quoi, madame! eh quoi! dans l'état où nous sommes,
Lorsqu'avec un renfort de plus de six mille hommes
La fortune promet toute chose aux Thébains,
Le roi se laisse ôter la victoire des mains!

JOCASTE. La victoire, Créon, n'est pas toujours si belle;
La honte et les remords vont souvent après elle.
Quand deux frères armés vont s'égorger entre eux,
Ne les pas séparer, c'est les perdre tous deux.
Peut-on faire au vainqueur une injure plus noire
Que lui laisser gagner une telle victoire?

CRÉON. Leur courroux est trop grand...

JOCASTE. Il peut être adouci.

CRÉON. Tous deux veulent régner.

JOCASTE. Ils régneront aussi.

CRÉON. On ne partage point la grandeur souveraine;
Et ce n'est pas un bien qu'on quitte et qu'on reprenne.

JOCASTE. L'intérêt de l'État leur servira de loi.

CRÉON. L'intérêt de l'État est de n'avoir qu'un roi,
Qui, d'un ordre constant gouvernant ses provinces,
Accoutume à ses lois et le peuple et les princes.
Ce règne interrompu de deux rois différents,
En lui donnant deux rois, lui donne deux tyrans.
Par un ordre souvent l'un à l'autre contraire,
Un frère détruirait ce qu'aurait fait un frère :
Vous les verriez toujours former quelque attentat,
Et changer tous les ans la face de l'État.
Ce terme limité que l'on veut leur prescrire
Accroît leur violence en bornant leur empire.

Tous deux feront gémir les peuples tour à tour :
Pareils à ces torrents qui ne durent qu'un jour ;
Plus leur cours est borné, plus ils font de ravage,
Et d'horribles dégâts signalent leur passage.

JOCASTE. On les verrait plutôt, par de nobles projets,
Se disputer tous deux l'amour de leurs sujets.
Mais avouez, Créon, que toute votre peine,
C'est de voir que la paix rend votre attente vaine,
Qu'elle assure à mes fils le trône où vous tendez,
Et va rompre le piége où vous les attendez.
Comme, après leur trépas, le droit de la naissance
Fait tomber en vos mains la suprême puissance,
Le sang qui vous unit aux deux princes mes fils
Vous fait trouver en eux vos plus grands ennemis ;
Et votre ambition, qui tend à leur fortune,
Vous donne pour tous deux une haine commune.
Vous inspirez au roi vos conseils dangereux,
Et vous en servez un pour les perdre tous deux.

CRÉON. Je ne me repais point de pareilles chimères :
Mes respects pour le roi sont ardents et sincères,
Et mon ambition est de le maintenir
Au trône où vous croyez que je veux parvenir.
Le soin de sa grandeur est le seul qui m'anime ;
Je hais ses ennemis, et c'est là tout mon crime :
Je ne m'en cache point. Mais, à ce que je voi,
Chacun n'est pas ici criminel comme moi.

JOCASTE. Je suis mère, Créon ; et, si j'aime son frère,
La personne du roi ne m'en est pas moins chère.
De lâches courtisans peuvent bien le haïr ;
Mais une mère enfin ne peut pas se trahir.

ANTIGONE. Vos intérêts ici sont conformes aux nôtres.
Les ennemis du roi ne sont pas tous les vôtres ;
Créon, vous êtes père, et, dans ces ennemis,
Peut-être songez-vous que vous avez un fils.
On sait de quelle ardeur Hémon sert Polynice.

CRÉON. Oui, je le sais, madame, et je lui fais justice ;
Je le dois, en effet, distinguer du commun,
Mais c'est pour le haïr encor plus que pas un :
Et je souhaiterais, dans ma juste colère,

Que chacun le haït comme le hait son père.

ANTIGONE. Après tout ce qu'a fait la valeur de son bras,
Tout le monde en ce point ne vous ressemble pas.

CRÉON. Je le vois bien, madame, et c'est ce qui m'afflige :
Mais je sais bien à quoi sa révolte m'oblige ;
Et tous ces beaux exploits qui le font admirer,
C'est ce qui me le fait justement abhorrer.
La honte suit toujours le parti des rebelles :
Leurs grandes actions sont les plus criminelles,
Ils signalent leur crime en signalant leur bras,
Et la gloire n'est point où les rois ne sont pas.

ANTIGONE. Écoutez un peu mieux la voix de la nature.

CRÉON. Plus l'offenseur m'est cher, plus je ressens l'injure.

ANTIGONE. Mais un père à ce point doit-il être emporté ?
Vous avez trop de haine.

CRÉON. Et vous, trop de bonté.
C'est trop parler, madame, en faveur d'un rebelle.

ANTIGONE. L'innocence vaut bien que l'on parle pour elle.

CRÉON. Je sais ce qui le rend innocent à vos yeux.

ANTIGONE. Et je sais quel sujet vous le rend odieux.

CRÉON. L'Amour a d'autres yeux que le commun des hommes.

JOCASTE. Vous abusez, Créon, de l'état où nous sommes ;
Tout vous semble permis : mais craignez mon courroux ;
Vos libertés enfin retomberaient sur vous.

ANTIGONE. L'intérêt du public agit peu sur son âme,
Et l'amour du pays nous cache une autre flamme.
Je le sais : mais, Créon, j'en abhorre le cours ;
Et vous ferez bien mieux de la cacher toujours.

CRÉON. Je le ferai, madame, et je veux par avance
Vous épargner encor jusques à ma présence.
Aussi bien mes respects redoublent vos mépris ;
Et je vais faire place à ce bienheureux fils.
Le roi m'appelle ailleurs, il faut que j'obéisse.
Adieu. Faites venir Hémon et Polynice.

JOCASTE. N'en doute pas, méchant, ils vont venir tous deux ;
Tous deux ils préviendront tes desseins malheureux.

SCÈNE VI.

JOCASTE, ANTIGONE, OLYMPE.

ANTIGONE. Le perfide ! A quel point son insolence monte !

JOCASTE. Ses superbes discours tourneront à sa honte.
Bientôt, si nos désirs sont exaucés des cieux,
La paix nous vengera de cet ambitieux.
Mais il faut se hâter, chaque heure nous est chère :
Appelons promptement Hémon et votre frère ;
Je suis, pour ce dessein, prête à leur accorder
Toutes les sûretés qu'ils pourront demander.
Et toi, si mes malheurs ont lassé ta justice,

Ciel, dispose à la paix le cœur de Polynice,
Seconde mes soupirs, donne force à mes pleurs,
Et comme il faut enfin fais parler mes douleurs!

ANTIGONE *seule*. Et si tu prends pitié d'une flamme innocente,
O ciel, en ramenant Hémon à son amante,
Ramène-le fidèle; et permets, en ce jour,
Qu'en retrouvant l'amant je retrouve l'amour.

SCÈNE I.

ANTIGONE, HÉMON.

HÉMON. Quoi! vous me refusez votre aimable présence,
Après un an entier de supplice et d'absence!
Ne m'avez-vous, madame, appelé près de vous
Que pour m'ôter sitôt un bien qui m'est si doux?

ANTIGONE. Et voulez-vous sitôt que j'abandonne un frère?
Ne dois-je pas au temple accompagner ma mère?
Et dois-je préférer, au gré de vos souhaits,
Le soin de votre amour à celui de la paix?

HÉMON. Madame, à mon bonheur c'est chercher trop d'obstacles!
Ils iront bien, sans nous, consulter les oracles.
Permettez que mon cœur, en voyant vos beaux yeux,
De l'état de son sort interroge ses dieux;
Puis-je leur demander, sans être téméraire,
S'ils ont toujours pour moi leur douceur ordinaire!
Souffrent-ils sans courroux mon ardente amitié?
Et du mal qu'ils ont fait ont-ils quelque pitié?
Durant le triste cours d'une absence cruelle,
Avez-vous souhaité que je fusse fidèle?

Songiez-vous que la mort menaçait, loin de vous,
Un amant qui ne doit mourir qu'à vos genoux?
Ah! d'un si bel objet quand une âme est blessée,
Quand un cœur jusqu'à vous élève sa pensée,
Qu'il est doux d'adorer tant de divins appas !
Mais aussi que l'on souffre en ne les voyant pas!
Un moment loin de vous me durait une année!
J'aurais fini cent fois ma triste destinée,
Si je n'eusse songé, jusques à mon retour,
Que mon éloignement vous prouvait mon amour,
Et que le souvenir de mon obéissance
Pourrait en ma faveur parler en mon absence,
Et que pensant à moi vous penseriez aussi
Qu'il faut aimer beaucoup pour obéir ainsi.

ANTIGONE. Oui, je l'avais bien cru qu'une âme si fidèle
Trouverait dans l'absence une peine cruelle;
Et, si mes sentiments se doivent découvrir,
Je souhaitais, Hémon, qu'elle vous fît souffrir,
Et qu'étant loin de moi, quelque ombre d'amertume
Vous fît trouver les jours plus longs que de coutume.
Mais ne vous plaignez pas : mon cœur chargé d'ennui
Ne vous souhaitait rien qu'il n'éprouvât en lui,
Surtout depuis le temps que dure cette guerre,
Et que de gens armés vous couvrez cette terre.
Oh dieux! à quels tourments mon cœur s'est vu soumis,
Voyant des deux côtés ses plus tendres amis !
Mille objets de douleur déchiraient mes entrailles;
J'en voyais et dehors et dedans nos murailles :
Chaque assaut à mon cœur livrait mille combats;
Et mille fois le jour je souffrais le trépas.

HÉMON. Mais enfin qu'ai-je fait, en ce malheur extrême,
Que ne m'ait ordonné ma princesse elle-même?
J'ai suivi Polynice et vous l'avez voulu :
Vous me l'avez prescrit par un ordre absolu.
Je lui vouai dès lors une amitié sincère;
Je quittai mon pays, j'abandonnai mon père;
Sur moi, par ce départ, j'attirai son courroux,
Et, pour tout dire enfin, je m'éloignai de vous.

ANTIGONE. Je m'en souviens, Hémon, et je vous fais justice;

CÉLESTIN NANTEUIL

Chérien

Typ. Béthune et Plon.

ACTE II. — La Thébaïde.

C'est moi que vous serviez en servant Polynice;
Il m'était cher alors comme il est aujourd'hui,
Et je prenais pour moi ce qu'on faisait pour lui.
Nous nous aimions tous deux dès la plus tendre enfance,
Et j'avais sur son cœur une entière puissance;
Je trouvais à lui plaire une extrême douceur,
Et les chagrins du frère étaient ceux de la sœur.
Ah! si j'avais encor sur lui le même empire,
Il aimerait la paix, pour qui mon cœur soupire.
Notre commun malheur en serait adouci :
Je le verrais, Hémon; vous me verriez aussi!

HÉMON. De cette affreuse guerre il abhorre l'image.
Je l'ai vu soupirer de douleur et de rage,
Lorsque, pour remonter au trône paternel,
On le força de prendre un chemin si cruel.
Espérons que le ciel, touché de nos misères,
Achèvera bientôt de réunir les frères;
Puisse-t-il rétablir l'amitié dans leur cœur,
Et conserver l'amour dans celui de la sœur!

ANTIGONE. Hélas! ne doutez point que ce dernier ouvrage
Ne lui soit plus aisé que de calmer leur rage!
Je les connais tous deux, et je répondrais bien
Que leur cœur, cher Hémon, est plus dur que le mien.
Mais les dieux quelquefois font de plus grands miracles.

SCÈNE II.

ANTIGONE, HÉMON, OLYMPE.

ANTIGONE. Eh bien! apprendrons-nous ce qu'ont dit les oracles?
Que faut-il faire?

OLYMPE. Hélas!

ANTIGONE. Quoi! qu'en a-t-on appris?
Est-ce la guerre, Olympe!

OLYMPE. Ah! c'est encore pis!

HÉMON. Quel est donc ce grand mal que leur courroux annonce!

OLYMPE. Prince, pour en juger, écoutez leur réponse :

« Thébains, pour n'avoir plus de guerres,
» Il faut, par un ordre fatal,
» Que le dernier du sang royal
» Par son trépas ensanglante vos terres. »

ANTIGONE. O dieux, que vous a fait ce sang infortuné ?
Et pourquoi tout entier l'avez-vous condamné ?
N'êtes-vous pas contents de la mort de mon père ?
Tout notre sang doit-il sentir votre colère ?

HÉMON. Madame, cet arrêt ne vous regarde pas,
Votre vertu vous met à couvert du trépas :
Nos dieux savent trop bien connaître l'innocence.
ANTIGONE. Et ce n'est pas pour moi que je crains leur vengeance.

Mon innocence, Hémon, serait un faible appui;
Fille d'Œdipe, il faut que je meure pour lui.
Je l'attends, cette mort, et je l'attends sans plainte;
Et, s'il faut avouer le sujet de ma crainte,
C'est pour vous que je crains; oui, cher Hémon, pour vous.
De ce sang malheureux vous sortez comme nous;
Et je ne vois que trop que le courroux céleste
Vous rendra, comme à nous, cet honneur bien funeste,
Et fera regretter aux princes des Thébains
De n'être pas sortis du dernier des humains.

HÉMON. Peut-on se repentir d'un si grand avantage?
Un si noble trépas flatte trop mon courage;
Et du sang de ses rois il est beau d'être issu,
Dût-on rendre ce sang sitôt qu'on l'a reçu.

ANTIGONE. Hé quoi! si parmi nous on a fait quelque offense,
Le ciel doit-il sur vous en prendre la vengeance?
Et n'est-ce pas assez du père et des enfants,
Sans qu'il aille plus loin chercher des innocents?
C'est à nous à payer pour les crimes des nôtres:
Punissez-nous, grands dieux; mais épargnez les autres.
Mon père, cher Hémon, vous va perdre aujourd'hui,
Et je vous perds peut-être encore plus que lui.
Le ciel punit sur vous et sur votre famille,
Et les crimes du père et l'amour de la fille;
Et ce funeste amour vous nuit encore plus
Que les crimes d'Œdipe et le sang de Laïus.

HÉMON. Quoi! mon amour, madame? Et qu'a-t-il de funeste?
Est-ce un crime qu'aimer une beauté céleste?
Et, puisque sans colère il est reçu de vous,
En quoi peut-il du ciel mériter le courroux?
Vous seule en mes soupirs êtes intéressée,
C'est à vous à juger s'ils vous ont offensée:
Tels que seront pour eux vos arrêts tout-puissants,
Ils seront criminels ou seront innocents.
Que le ciel à son gré de ma perte dispose,
J'en chérirai toujours et l'une et l'autre cause,
Glorieux de mourir pour le sang de mes rois,
Et plus heureux encor de mourir sous vos lois.
Aussi bien que ferais-je en ce commun naufrage?

Pourrais-je me résoudre à vivre davantage?
En vain les dieux voudraient différer mon trépas,
Mon désespoir ferait ce qu'ils ne feraient pas.
Mais peut-être, après tout, notre frayeur est vaine;
Attendons... Mais voici Polynice et la reine.

SCÈNE III.

JOCASTE, POLYNICE, ANTIGONE, HÉMON.

POLYNICE. Madame, au nom des dieux, cessez de m'arrêter :
Je vois bien que la paix ne peut s'exécuter.
J'espérais que du ciel la justice infinie
Voudrait se déclarer contre la tyrannie,
Et que, lassé de voir répandre tant de sang,
Il rendrait à chacun son légitime rang;
Mais puisque ouvertement il tient pour l'injustice,
Et que des criminels il se rend le complice,
Dois-je encore espérer qu'un peuple révolté,
Quand le ciel est injuste, écoute l'équité!
Dois-je prendre pour juge une troupe insolente,
D'un fier usurpateur ministre violente,
Qui sert mon ennemi par un lâche intérêt,
Et qu'il anime encor, tout éloigné qu'il est?
La raison n'agit point sur une populace.
De ce peuple déjà j'ai ressenti l'audace;
Et, loin de me reprendre après m'avoir chassé,
Il croit voir un tyran dans un prince offensé.
Comme sur lui l'honneur n'eut jamais de puissance,
Il croit que tout le monde aspire à la vengeance :
De ses inimitiés rien n'arrête le cours;
Quand il hait une fois, il veut haïr toujours.
JOCASTE. Mais s'il est vrai, mon fils, que ce peuple vous craigne,
Et que tous les Thébains redoutent votre règne,
Pourquoi par tant de sang cherchez-vous à régner
Sur ce peuple endurci que rien ne peut gagner?
POLYNICE. Est-ce au peuple, madame, à se choisir un maître?
Sitôt qu'il hait un roi, doit-on cesser de l'être?

Sa haine ou son amour, sont-ce les premiers droits
Qui font monter au trône ou descendre les rois ?
Que le peuple à son gré nous craigne ou nous chérisse,
Le sang nous met au trône, et non pas son caprice ;
Ce que le sang lui donne, il le doit accepter ;
Et, s'il n'aime son prince, il le doit respecter.

JOCASTE. Vous serez un tyran haï de vos provinces.

POLYNICE. Ce nom ne convient pas aux légitimes princes ;
De ce titre odieux mes droits me sont garants :
La haine des sujets ne fait pas les tyrans.
Appelez de ce nom Étéocle lui-même.

JOCASTE. Il est aimé de tous.

   POLYNICE. C'est un tyran qu'on aime,
Qui par cent lâchetés tâche à se maintenir
Au rang où par la force il a su parvenir ;
Et son orgueil le rend, par un effet contraire,
Esclave de son peuple et tyran de son frère.
Pour commander tout seul il veut bien obéir,
Et se fait mépriser pour me faire haïr.
Ce n'est pas sans sujet qu'on me préfère un traître,
Le peuple aime un esclave, et craint d'avoir un maître.
Mais je croirais trahir la majesté des rois,
Si je faisais le peuple arbitre de mes droits.

JOCASTE. Ainsi donc la discorde a pour vous tant de charmes ?
Vous lassez-vous déjà d'avoir posé les armes ?
Ne cesserons-nous point, après tant de malheurs,
Vous, de verser du sang ; moi, de verser des pleurs ?
N'accorderez-vous rien aux larmes d'une mère ?
Ma fille, s'il se peut, retenez votre frère :
Le cruel pour vous seule avait de l'amitié.

ANTIGONE. Ah ! si pour vous son âme est sourde à la pitié,
Que pourrais-je espérer d'une amitié passée,
Qu'un long éloignement n'a que trop effacée ?
A peine en sa mémoire ai-je encor quelque rang ;
Il n'aime, il ne se plaît qu'à répandre du sang.
Ne cherchez plus en lui ce prince magnanime,
Ce prince qui montrait tant d'horreur pour le crime,
Dont l'âme généreuse avait tant de douceur,
Qui respectait sa mère et chérissait sa sœur :

La nature pour lui n'est plus qu'une chimère ;
Il méconnaît sa sœur, il méprise sa mère ;
Et l'ingrat, en l'état où son orgueil l'a mis,
Nous croit des étrangers, ou bien des ennemis.

POLYNICE. N'imputez point ce crime à mon âme affligée ;
Dites plutôt, ma sœur, que vous êtes changée ;
Dites que de mon rang l'injuste usurpateur
M'a su ravir encor l'amitié de ma sœur.
Je vous connais toujours, et suis toujours le même.

ANTIGONE. Est-ce m'aimer, cruel, autant que je vous aime,
Que d'être inexorable à mes tristes soupirs,
Et m'exposer encore à tant de déplaisirs ?

POLYNICE. Mais vous-même, ma sœur, est-ce aimer votre frère
Que de lui faire ainsi cette injuste prière,
Et me vouloir ravir le sceptre de la main ?
Dieux ! qu'est-ce qu'Étéocle a de plus inhumain ?
C'est trop favoriser un tyran qui m'outrage.

ANTIGONE. Non, non, vos intérêts me touchent davantage.
Ne croyez pas mes pleurs perfides à ce point ;
Avec vos ennemis ils ne conspirent point.
Cette paix que je veux me serait un supplice,
S'il en devait coûter le sceptre à Polynice ;
Et l'unique faveur, mon frère, où je prétends,
C'est qu'il me soit permis de vous voir plus long-temps.
Seulement quelques jours souffrez que l'on vous voie ;
Et donnez-nous le temps de chercher quelque voie
Qui puisse vous remettre au rang de vos aïeux,
Sans que vous répandiez un sang si précieux.
Pouvez-vous refuser cette grâce légère
Aux larmes d'une sœur, aux soupirs d'une mère ?

JOCASTE. Mais quelle crainte encor vous peut inquiéter ?
Pourquoi si promptement voulez-vous nous quitter ?
Quoi ! ce jour tout entier n'est-il pas de la trêve ?
Dès qu'elle a commencé, faut-il qu'elle s'achève ?
Vous voyez qu'Étéocle a mis les armes bas ;
Il veut que je vous voie, et vous ne voulez pas.

ANTIGONE. Oui, mon frère, il n'est pas comme vous inflexible.
Aux larmes de sa mère il a paru sensible ;
Nos pleurs ont désarmé sa colère aujourd'hui.

Vous l'appelez cruel, vous l'êtes plus que lui.

HÉMON. Seigneur, rien ne vous presse; et vous pouvez sans peine
Laisser agir encor la princesse et la reine :
Accordez tout ce jour à leur pressant désir,
Voyons si leur dessein ne pourra réussir.
Ne donnez pas la joie au prince votre frère
De dire que, sans vous, la paix se pouvait faire.
Vous aurez satisfait une mère, une sœur,
Et vous aurez surtout satisfait votre honneur.
Mais que veut ce soldat! son âme est toute émue!

SCÈNE IV.

JOCASTE, POLYNICE, ANTIGONE, HÉMON, UN SOLDAT.

LE SOLDAT, *à Polynice.* Seigneur, on est aux mains, et la trêve est rompue :
Créon et les Thébains, par ordre de leur roi,
Attaquent votre armée, et violent leur foi.
Le brave Hippomédon s'efforce, en votre absence,
De soutenir leur choc de toute sa puissance.
Par son ordre, seigneur, je vous viens avertir.

POLYNICE. Ah, les traîtres! Allons, Hémon, il faut sortir.
                    (*A la reine.*)
Madame, vous voyez comme il tient sa parole :
Mais il veut le combat, il m'attaque; et j'y vole.

JOCASTE. Polynice! mon fils!... Mais il ne m'entend plus :
Aussi bien que mes pleurs, mes cris sont superflus.
Chère Antigone, allez, courez à ce barbare :
Du moins allez prier Hémon qu'il les sépare.
La force m'abandonne, et je n'y puis courir;
Tout ce que je puis faire, hélas! c'est de mourir.

THEBAINSIPOUR NAVOIR PLUS DE GUERRES
IL FAUT PAR UN ORDRE FATAL
LE DERNIER DU SANG ROYAL
SON TRÉPAS ENSANGLANTE VOS TERRES.

C. NANTEUIL

V. LOUTREL.

SCÈNE I.

JOCASTE, OLYMPE.

JOCASTE. Olympe, va-t'en voir ce funeste spectacle;
　　　Va voir si leur fureur n'a point trouvé d'obstacle,
　　　Si rien n'a pu toucher l'un ou l'autre parti.
　　　On dit qu'à ce dessein Ménécée est sorti.

OLYMPE. Je ne sais quel dessein animait son courage;
　　　Une héroïque ardeur brillait sur son visage;
　　　Mais vous devez, madame, espérer jusqu'au bout.

JOCASTE. Va tout voir, chère Olympe, et me viens dire tout,
　　　Éclaircis promptement ma triste inquiétude.

OLYMPE. Mais vous dois-je laisser en cette solitude?

JOCASTE. Va : je veux être seule en l'état où je suis,
　　　Si toutefois on peut l'être avec tant d'ennuis!

SCÈNE II.

JOCASTE.

Dureront-ils toujours, ces ennuis si funestes?
N'épuiseront-ils point les vengeances célestes!

ACTE III. — *Dévouement de Ménécée.*

Me feront-ils souffrir tant de cruels trépas,
Sans jamais au tombeau précipiter mes pas !
O ciel, que tes rigueurs seraient peu redoutables,
Si la foudre d'abord accablait les coupables !
Et que tes châtiments paraissent infinis,
Quand tu laisses la vie à ceux que tu punis !
Tu ne l'ignores pas, depuis le jour infâme
Où de mon propre fils je me trouvai la femme,
Le moindre des tourments que mon cœur a soufferts
Égale tous les maux que l'on souffre aux enfers.
Et toutefois, ô dieux, un crime involontaire
Devait-il attirer toute votre colère !
Le connaissais-je, hélas ! ce fils infortuné ?
Vous-même dans mes bras vous l'avez amené.
C'est vous dont la rigueur m'ouvrit ce précipice.
Voilà de ces grands dieux la suprême justice !
Jusques au bord du crime ils conduisent nos pas ;
Ils nous le font commettre, et ne l'excusent pas !
Prennent-ils donc plaisir à faire des coupables,
Afin d'en faire, après, d'illustres misérables ?
Et ne peuvent-ils point, quand ils sont en courroux,
Chercher des criminels à qui le crime est doux ?

SCÈNE III.

JOCASTE, ANTIGONE.

JOCASTE. Hé bien ! en est-ce fait ? l'un ou l'autre perfide
Vient-il d'exécuter son noble parricide ?
Parlez, parlez, ma fille.
        ANTIGONE. Ah, madame ! en effet,
L'oracle est accompli, le ciel est satisfait.
JOCASTE. Quoi ! mes deux fils sont morts ?
        ANTIGONE. Un autre sang, madame,
Rend la paix à l'État, et le calme à votre âme ;
Un sang digne des rois dont il est découlé,
Un héros pour l'État s'est lui-même immolé.
Je courais pour fléchir Hémon et Polynice ;

Ils étaient déjà loin, avant que je sortisse :
Ils ne m'entendaient plus ; et mes cris douloureux
Vainement par leur nom les rappelaient tous deux.
Ils ont tous deux volé vers le champ de bataille ;
Et moi, je suis montée au haut de la muraille,
D'où le peuple étonné regardait, comme moi,
L'approche d'un combat qui le glaçait d'effroi.
A cet instant fatal, le dernier de nos princes,
L'honneur de notre sang, l'espoir de nos provinces,
Ménécée, en un mot, digne frère d'Hémon,
Et trop indigne aussi d'être fils de Créon,
De l'amour du pays montrant son âme atteinte,
Au milieu des deux camps s'est avancé sans crainte ;
Et se faisant ouïr des Grecs et des Thébains :
« Arrêtez, a-t-il dit, arrêtez, inhumains ! »
Ces mots impérieux n'ont point trouvé d'obstacle :
Les soldats, étonnés de ce nouveau spectacle,
De leur noire fureur ont suspendu le cours ;
Et ce prince aussitôt poursuivant son discours :
« Apprenez, a-t-il dit, l'arrêt des destinées,
» Par qui vous allez voir vos misères bornées.
» Je suis le dernier sang de vos rois descendu,
» Qui par l'ordre des dieux doit être répandu.
» Recevez donc ce sang que ma main va répandre ;
» Et recevez la paix, où vous n'osiez prétendre. »
Il se tait, et se frappe en achevant ces mots ;
Et les Thébains, voyant expirer ce héros,
Comme si leur salut devenait leur supplice,
Regardent en tremblant ce noble sacrifice.
J'ai vu le triste Hémon abandonner son rang
Pour venir embrasser son frère tout en sang.
Créon, à son exemple, a jeté bas les armes,
Et vers ce fils mourant est venu tout en larmes ;
Et l'un et l'autre camp, les voyant retirés,
Ont quitté le combat, et se sont séparés.
Et moi, le cœur tremblant, et l'âme toute émue,
D'un si funeste objet j'ai détourné la vue,
De ce prince admirant l'héroïque fureur.
JOCASTE. Comme vous je l'admire, et j'en frémis d'horreur.

Est-il possible, ô dieux, qu'après ce grand miracle
Le repos des Thébains trouve encor quelque obstacle?
Cet illustre trépas ne peut-il vous calmer,
Puisque même mes fils s'en laissent désarmer?
La refuserez-vous, cette noble victime?
Si la vertu vous touche autant que fait le crime,
Si vous donnez les prix comme vous punissez,
Quels crimes par ce sang ne seront effacés?

ANTIGONE. Oui, oui, cette vertu sera récompensée;
Les dieux sont trop payés du sang de Ménécée;
Et le sang d'un héros, auprès des immortels,
Vaut seul plus que celui de mille criminels.

JOCASTE. Connaissez mieux du ciel la vengeance fatale :
Toujours à ma douleur il met quelque intervalle;
Mais, hélas! quand sa main semble me secourir,

C'est alors qu'il s'apprête à me faire périr.
Il a mis, cette nuit, quelque fin à mes larmes,
Afin qu'à mon réveil je visse tout en armes.
S'il me flatte aussitôt de quelque espoir de paix,
Un oracle cruel me l'ôte pour jamais.
Il m'amène mon fils; il veut que je le voie;
Mais, hélas! combien cher me vend-il cette joie!
Ce fils est insensible et ne m'écoute pas,
Et soudain il me l'ôte, et l'engage aux combats.
Ainsi, toujours cruel, et toujours en colère,
Il feint de s'apaiser, et devient plus sévère;
Il n'interrompt ses coups que pour les redoubler,
Et retire son bras pour me mieux accabler.

ANTIGONE. Madame, espérons tout de ce dernier miracle.

JOCASTE. La haine de mes fils est un trop grand obstacle.
Polynice endurci n'écoute que ses droits;
Du peuple et de Créon l'autre écoute la voix,
Oui, du lâche Créon! Cette âme intéressée
Nous ravit tout le fruit du sang de Ménécée :
En vain pour nous sauver ce grand prince se perd,
Le père nous nuit plus que le fils ne nous sert.
De deux jeunes héros cet infidèle père...

ANTIGONE. Ah! le voici, madame, avec le roi mon frère.

SCÈNE IV.

JOCASTE, ÉTÉOCLE, ANTIGONE, CRÉON.

JOCASTE. Mon fils, c'est donc ainsi que l'on garde sa foi?

ÉTÉOCLE. Madame, ce combat n'est point venu de moi,
Mais de quelques soldats, tant d'Argos que des nôtres,
Qui, s'étant querellés les uns avec les autres,
Ont insensiblement tout le corps ébranlé,
Et fait un grand combat d'un simple démêlé.
La bataille sans doute allait être cruelle,
Et son événement vidait notre querelle,
Quand du fils de Créon l'héroïque trépas
De tous les combattants a retenu le bras.
Ce prince, le dernier de la race royale,

S'est appliqué des dieux la réponse fatale ;
Et lui-même à la mort il s'est précipité,
De l'amour du pays noblement transporté.

JOCASTE. Ah ! si le seul amour qu'il eut pour sa patrie
Le rendit insensible aux douceurs de la vie,
Mon fils, ce même amour ne peut-il seulement
De votre ambition vaincre l'emportement ?
Un exemple si beau vous invite à le suivre.
Il ne faudra cesser de régner ni de vivre :
Vous pouvez, en cédant un peu de votre rang,
Faire plus qu'il n'a fait en versant tout son sang ;
Il ne faut que cesser de haïr votre frère ;
Vous ferez beaucoup plus que sa mort n'a su faire.
Oh dieux ! aimer un frère, est-ce un plus grand effort
Que de haïr la vie et courir à la mort ?
Et doit-il être enfin plus facile en un autre
De répandre son sang, qu'en vous d'aimer le vôtre ?

ÉTÉOCLE. Son illustre vertu me charme comme vous ;
Et d'un si beau trépas je suis même jaloux.
Et toutefois, madame, il faut que je vous die
Qu'un trône est plus pénible à quitter que la vie :
La gloire bien souvent nous porte à la haïr,
Mais peu de souverains font gloire d'obéir.
Les dieux voulaient son sang ; et ce prince, sans crime,
Ne pouvait à l'État refuser sa victime ;
Mais ce même pays, qui demandait son sang,
Demande que je règne, et m'attache à mon rang.
Jusqu'à ce qu'il m'en ôte, il faut que j'y demeure :
Il n'a qu'à prononcer, j'obéirai sur l'heure ;
Et Thèbes me verra, pour apaiser son sort,
Et descendre du trône, et courir à la mort.

CRÉON. Ah ! Ménécée est mort, le ciel n'en veut point d'autre :
Laissez couler son sang, sans y mêler le vôtre ;
Et puisqu'il l'a versé pour nous donner la paix,
Accordez-la, seigneur, à nos justes souhaits.

ÉTÉOCLE. Hé quoi ! même Créon pour la paix se déclare ?

CRÉON. Pour avoir trop aimé cette guerre barbare,
Vous voyez les malheurs où le ciel m'a plongé :
Mon fils est mort, seigneur.

ÉTÉOCLE. Il faut qu'il soit vengé.

CRÉON. Sur qui me vengerais-je en ce malheur extrême ?

ÉTÉOCLE. Vos ennemis, Créon, sont ceux de Thèbes même :
Vengez-la, vengez-vous.

CRÉON. Ah ! dans ses ennemis
Je trouve votre frère, et je trouve mon fils !
Dois-je verser mon sang, ou répandre le vôtre ?
Et dois-je perdre un fils pour en venger un autre ?
Seigneur, mon sang m'est cher, le vôtre m'est sacré.
Serai-je sacrilége, ou bien dénaturé ?
Souillerai-je ma main d'un sang que je révère ?
Serai-je parricide, afin d'être bon père ?
Un si cruel secours ne me peut soulager,
Et ce serait me perdre au lieu de me venger.
Tout le soulagement où ma douleur aspire,
C'est qu'au moins mes malheurs servent à votre empire.
Je me consolerai, si ce fils que je plains
Assure par sa mort le repos des Thébains.
Le ciel promet la paix au sang de Ménécée ;
Achevez-la, seigneur, mon fils l'a commencée,
Accordez-lui ce prix qu'il en a prétendu ;
Et que son sang en vain ne soit pas répandu.

JOCASTE. Non, puisqu'à nos malheurs vous devenez sensible,
Au sang de Ménécée il n'est rien d'impossible.
Que Thèbes se rassure après ce grand effort :
Puisqu'il change votre âme, il changera son sort.
La paix dès ce moment n'est plus désespérée :
Puisque Créon la veut, je la tiens assurée.
Bientôt ces cœurs de fer se verront adoucis :
Le vainqueur de Créon peut bien vaincre mes fils.

(A Étéocle.)

Qu'un si grand changement vous désarme et vous touche ;
Quittez, mon fils, quittez cette haine farouche ;
Soulagez une mère, et consolez Créon ;
Rendez-moi Polynice, et lui rendez Hémon.

ÉTÉOCLE. Mais enfin c'est vouloir que je m'impose un maître.
Vous ne l'ignorez pas, Polynice veut l'être ;
Il demande surtout le pouvoir souverain,
Et ne veut revenir que le sceptre à la main.

SCÈNE V.

JOCASTE, ÉTÉOCLE, ANTIGONE, CRÉON, ATTALE.

ATTALE, *à Étéocle*. Polynice, seigneur, demande une entrevue;
C'est ce que d'un héraut nous apprend la venue.
Il vous offre, seigneur, ou de venir ici,
Ou d'attendre en son camp.

CRÉON. Peut-être qu'adouci
Il songe à terminer une guerre si lente,
Et son ambition n'est plus si violente.
Par ce dernier combat il apprend aujourd'hui
Que vous êtes au moins aussi puissant que lui.
Les Grecs même sont las de servir sa colère;
Et j'ai su, depuis peu, que le roi son beau-père,
Préférant à la guerre un solide repos,
Se réserve Mycène, et le fait roi d'Argos.
Tout courageux qu'il est, sans doute il ne souhaite
Que de faire en effet une honnête retraite.
Puisqu'il s'offre à vous voir, croyez qu'il veut la paix.
Ce jour la doit conclure, ou la rompre à jamais.
Tâchez dans ce dessein de l'affermir vous-même;
Et lui promettez tout, hormis le diadème.

ÉTÉOCLE. Hormis le diadème il ne demande rien.

JOCASTE. Mais voyez-le du moins.

CRÉON. Oui, puisqu'il le veut bien :
Vous ferez plus tout seul que nous ne saurions faire;
Et le sang reprendra son empire ordinaire.

ÉTÉOCLE. Allons donc le chercher.

JOCASTE. Mon fils, au nom des dieux,
Attendez-le plutôt, voyez-le dans ces lieux.

ÉTÉOCLE. Hé bien ! madame, hé bien ! qu'il vienne, et qu'on lui donne
Toutes les sûretés qu'il faut pour sa personne !
Allons.

ANTIGONE. Ah ! si ce jour rend la paix aux Thébains,
Elle sera, Créon, l'ouvrage de vos mains.

SCENE VI.

CRÉON, ATTALE.

CRÉON. L'intérêt des Thébains n'est pas ce qui vous touche,
Dédaigneuse princesse ; et cette âme farouche,
Qui semble me flatter après tant de mépris,
Songe moins à la paix qu'au retour de mon fils.
Mais nous verrons bientôt si la fière Antigone
Aussi bien que mon cœur dédaignera le trône ;
Nous verrons, quand les dieux m'auront fait votre roi,
Si ce fils bienheureux l'emportera sur moi.

ATTALE. Et qui n'admirerait un changement si rare ?
Créon même, Créon pour la paix se déclare !

CRÉON. Tu crois donc que la paix est l'objet de mes soins ?

ATTALE. Oui, je le crois, seigneur, quand j'y pensais le moins ;
Et voyant qu'en effet ce beau soin vous anime,
J'admire à tous moments cet effort magnanime
Qui vous fait mettre enfin votre haine au tombeau.
Ménécée, en mourant, n'a rien fait de plus beau.
Et qui peut immoler sa haine à sa patrie
Lui pourrait bien aussi sacrifier sa vie.

CRÉON. Ah ! sans doute, qui peut, d'un généreux effort,
Aimer son ennemi, peut bien aimer la mort.
Quoi ! je négligerais le soin de ma vengeance,
Et de mon ennemi je prendrais la défense !
De la mort de mon fils Polynice est l'auteur,
Et moi je deviendrais son lâche protecteur !
Quand je renoncerais à cette haine extrême,
Pourrais-je bien cesser d'aimer le diadème ?
Non, non : tu me verras d'une constante ardeur
Haïr mes ennemis, et chérir ma grandeur.
Le trône fit toujours mes ardeurs les plus chères ;
Je rougis d'obéir où régnèrent mes pères ;
Je brûle de me voir au rang de mes aïeux,
Et je l'envisageai dès que j'ouvris les yeux.
Surtout depuis deux ans ce noble soin m'inspire ;

Je ne fais point de pas qui ne tende à l'empire :
Des princes mes neveux j'entretiens la fureur,
Et mon ambition autorise la leur.
D'Étéocle d'abord j'appuyai l'injustice,
Je lui fis refuser le trône à Polynice.
Tu sais que je pensais dès lors à m'y placer,
Et je l'y mis, Attale, afin de l'en chasser.

ATTALE. Mais, seigneur, si la guerre eut pour vous tant de charmes,
D'où vient que de leurs mains vous arrachez les armes !
Et, puisque leur discorde est l'objet de vos vœux,
Pourquoi, par vos conseils, vont-ils se voir tous deux !

CRÉON. Plus qu'à mes ennemis la guerre m'est mortelle,
Et le courroux du ciel me la rend trop cruelle :
Il s'arme contre moi de mon propre dessein ;
Il se sert de mon bras pour me percer le sein.
La guerre s'allumait, lorsque, pour mon supplice,
Hémon m'abandonna pour servir Polynice,
Les deux frères par moi devinrent ennemis ;
Et je devins, Attale, ennemi de mon fils.
Enfin, ce même jour, je fais rompre la trève,
J'excite le soldat, tout le camp se soulève,
On se bat ; et voilà qu'un fils désespéré
Meurt, et rompt un combat que j'ai tant préparé.
Mais il me reste un fils ; et je sens que je l'aime,
Tout rebelle qu'il est, et tout mon rival même.
Sans le perdre, je veux perdre mes ennemis.
Il m'en coûterait trop, s'il m'en coûtait deux fils.
Des deux princes, d'ailleurs, la haine est trop puissante ;
Ne crois pas qu'à la paix jamais elle consente.
Moi-même je saurai si bien l'envenimer,
Qu'ils périront tous deux plutôt que de s'aimer.
Les autres ennemis n'ont que de courtes haines,
Mais quand de la nature on a brisé les chaînes,
Cher Attale, il n'est rien qui puisse réunir
Ceux que des nœuds si forts n'ont pas su retenir.
L'on hait avec excès lorsque l'on hait un frère
Mais leur éloignement ralentit leur colère :
Quelque haine qu'on ait contre un fier ennemi,
Quand il est loin de nous, on la perd à demi.

Ne t'étonne donc plus si je veux qu'ils se voient :
Je veux qu'en se voyant leurs fureurs se déploient ;
Que rappelant leur haine, au lieu de la chasser,
Ils s'étouffent, Attale, en voulant s'embrasser.

ATTALE. Vous n'avez plus, seigneur, à craindre que vous-même :
On porte ses remords avec le diadème.

CRÉON. Quand on est sur le trône, on a bien d'autres soins ;
Et les remords sont ceux qui nous pèsent le moins.
Du plaisir de régner une âme possédée,
De tout le temps passé détourne son idée,
Et de tout autre objet un esprit éloigné
Croit n'avoir point vécu tant qu'il n'a point régné.
Mais allons. Le remords n'est pas ce qui me touche,
Et je n'ai plus un cœur que le crime effarouche :
Tous les premiers forfaits coûtent quelques efforts ;
Mais, Attale, on commet les seconds sans remords.

SCÈNE I.

ÉTÉOCLE, CRÉON.

ÉTÉOCLE. Oui, Créon, c'est ici qu'il doit bientôt se rendre ;
Et tous deux en ce lieu nous le pouvons attendre.
Nous verrons ce qu'il veut : mais je répondrais bien
Que par cette entrevue on n'avancera rien.
Je connais Polynice et son humeur altière ;
Je sais bien que sa haine est encor toute entière ;
Je ne crois pas qu'on puisse en arrêter le cours ;
Et, pour moi, je sens bien que je le hais toujours.

CRÉON. Mais s'il vous cède enfin la grandeur souveraine,
Vous devez, ce me semble, apaiser votre haine.

ÉTÉOCLE. Je ne sais si mon cœur s'apaisera jamais :
Ce n'est pas son orgueil, c'est lui seul que je hais.
Nous avons l'un et l'autre une haine obstinée ;
Elle n'est pas, Créon, l'ouvrage d'une année ;
Elle est née avec nous ; et sa noire fureur,
Aussitôt que la vie, entra dans notre cœur.
Nous étions ennemis dès la plus tendre enfance ;
Que dis-je ! nous l'étions avant notre naissance.

Triste et fatal effet d'un sang incestueux !
Pendant qu'un même sein nous renfermait tous deux,
Dans les flancs de ma mère une guerre intestine
De nos divisions lui marqua l'origine.
Elles ont, tu le sais, paru dans le berceau,
Et nous suivront peut-être encor dans le tombeau.
On dirait que le ciel, par un arrêt funeste,
Voulut de nos parents punir ainsi l'inceste ;
Et que dans notre sang il voulut mettre au jour
Tout ce qu'ont de plus noir et la haine et l'amour.
Et maintenant, Créon, que j'attends sa venue,
Ne crois pas que pour lui ma haine diminue ;
Plus il approche, et plus il me semble odieux ;
Et sans doute il faudra qu'elle éclate à ses yeux.
J'aurais même regret qu'il me quittât l'empire :
Il faut, il faut qu'il fuie, et non qu'il se retire.
Je ne veux point, Créon, le haïr à moitié ;
Et je crains son courroux moins que son amitié.
Je veux, pour donner cours à mon ardente haine,
Que sa fureur au moins autorise la mienne ;
Et, puisqu'enfin mon cœur ne saurait se trahir,
Je veux qu'il me déteste, afin de le haïr.
Tu verras que sa rage est encore la même,
Et que toujours son cœur aspire au diadème ;
Qu'il m'abhorre toujours, et veut toujours régner ;
Et qu'on peut bien le vaincre, et non pas le gagner.

CRÉON.   Domptez-le donc, seigneur, s'il demeure inflexible.
Quelque fier qu'il puisse être, il n'est pas invincible ;
Et, puisque la raison ne peut rien sur son cœur,
Éprouvez ce que peut un bras toujours vainqueur.
Oui, quoique dans la paix je trouvasse des charmes,
Je serai le premier à reprendre les armes ;
Et, si je demandais qu'on en rompît le cours,
Je demande encor plus que vous régniez toujours.
Que la guerre s'enflamme et jamais ne finisse,
S'il faut, avec la paix, recevoir Polynice.
Qu'on ne nous vienne plus vanter un bien si doux ;
La guerre et ses horreurs nous plaisent avec vous.
Tout le peuple thébain vous parle par ma bouche ;

Ne le soumettez pas à ce prince farouche :
Si la paix se peut faire, il la veut comme moi ;
Surtout, si vous l'aimez, conservez-lui son roi.
Cependant écoutez le prince votre frère,
Et, s'il se peut, seigneur, cachez votre colère ;
Feignez... Mais quelqu'un vient.

SCÈNE II.

ÉTÉOCLE, CRÉON, ATTALE.

ÉTÉOCLE. Sont-ils bien près d'ici !
Vont-ils venir, Attale !
     ATTALE. Oui, seigneur, les voici.
Ils ont trouvé d'abord la princesse et la reine,
Et bientôt ils seront dans la chambre prochaine.
ÉTÉOCLE. Qu'ils entrent. Cette approche excite mon courroux.
Qu'on hait un ennemi quand il est près de nous !
CRÉON. Ah, le voici ! (A part.) Fortune, achève mon ouvrage,
Et livre-les tous deux aux transports de leur rage !

SCÈNE III.

JOCASTE, ÉTÉOCLE, POLYNICE, ANTIGONE,
CRÉON, HÉMON.

JOCASTE. Me voici donc tantôt au comble de mes vœux,
Puisque déjà le ciel vous rassemble tous deux.
Vous revoyez un frère, après deux ans d'absence,
Dans ce même palais où vous prîtes naissance ;
Et moi, par un bonheur où je n'osais penser,
L'un et l'autre à la fois je vous puis embrasser.
Commencez donc, mes fils, cette union si chère ;
Et que chacun de vous reconnaisse son frère :
Tous deux dans votre frère envisagez vos traits ;
Mais, pour en mieux juger, voyez-les de plus près ;
Surtout que le sang parle et fasse son office.

Approchez, Étéocle; avancez, Polynice...

Hé quoi! loin d'approcher, vous reculez tous deux!

D'où vient ce sombre accueil et ces regards fâcheux?

N'est-ce point que chacun, d'une âme irrésolue,

Pour saluer son frère attend qu'il le salue;

Et qu'affectant l'honneur de céder le dernier,

L'un ni l'autre ne veut s'embrasser le premier?

Étrange ambition qui n'aspire qu'au crime,

Où le plus furieux passe pour magnanime!

Le vainqueur doit rougir en ce combat honteux.

Et les premiers vaincus sont les plus généreux.

Voyons donc qui des deux aura plus de courage,

Qui voudra le premier triompher de sa rage...

Quoi! vous n'en faites rien! C'est à vous d'avancer;

Et, venant de si loin, vous devez commencer:

Commencez, Polynice; embrassez votre frère;

Et montrez...

        ÉTÉOCLE. Hé, madame! à quoi bon ce mystère?

Tous ces embrassements ne sont guère à propos:

Qu'il parle, qu'il s'explique, et nous laisse en repos.

POLYNICE. Quoi! faut-il davantage expliquer mes pensées?

On les peut découvrir par les choses passées:

La guerre, les combats, tant de sang répandu,

Tout cela dit assez que le trône m'est dû.

ÉTÉOCLE. Et ces mêmes combats, et cette même guerre,

Ce sang qui tant de fois a fait rougir la terre,

Tout cela dit assez que le trône est à moi;

Et, tant que je respire, il ne peut être à toi.

POLYNICE. Tu sais qu'injustement tu remplis cette place.

ÉTÉOCLE. L'injustice me plaît, pourvu que je t'en chasse.

POLYNICE. Si tu n'en veux sortir, tu pourras en tomber.

ÉTÉOCLE. Si je tombe, avec moi tu pourras succomber.

JOCASTE. Oh dieux! que je me vois cruellement déçue!

N'avais-je tant pressé cette fatale vue,

Que pour les désunir encor plus que jamais?

Ah, mes fils! est-ce là comme on parle de paix?

Quittez, au nom des dieux, ces tragiques pensées;

Ne renouvelez point vos discordes passées:

Vous n'êtes pas ici dans un champ inhumain.

Est-ce moi qui vous mets les armes à la main !
Considérez ces lieux où vous prîtes naissance,
Leur aspect sur vos cœurs n'a-t-il point de puissance ?
C'est ici que tous deux vous reçûtes le jour ;
Tout ne vous parle ici que de paix et d'amour :
Cés princes, votre sœur, tout condamne vos haines,
Enfin, moi, qui pour vous pris toujours tant de peines,
Qui, pour vous réunir, immolerais... Hélas !
Ils détournent la tête, et ne m'écoutent pas !
Tous deux, pour s'attendrir, ils ont l'âme trop dure,
Ils ne connaissent plus la voix de la nature !

> *(A Polynice.)*

Et vous, que je croyais plus doux et plus soumis...

POLYNICE. Je ne veux rien de lui que ce qu'il m'a promis :
Il ne saurait régner sans se rendre parjure.

JOCASTE. Une extrême justice est souvent une injure.
Le trône vous est dû, je n'en saurais douter,
Mais vous le renversez en voulant y monter.
Ne vous lassez-vous point de cette affreuse guerre ?
Voulez-vous sans pitié désoler cette terre,
Détruire cet empire afin de le gagner ?
Est-ce donc sur des morts que vous voulez régner ?
Thèbes avec raison craint le règne d'un prince
Qui de fleuves de sang inonde sa province ·
Voudrait-elle obéir à votre injuste loi ?
Vous êtes son tyran avant qu'être son roi.
Dieux ! si devenant grand souvent on devient pire,
Si la vertu se perd quand on gagne l'empire,
Lorsque vous régnerez, que serez-vous, hélas !
Si vous êtes cruel quand vous ne régnez pas ?

POLYNICE. Ah ! si je suis cruel, on me force de l'être,
Et de mes actions je ne suis pas le maître.
J'ai honte des horreurs où je me vois contraint,
Et c'est injustement que le peuple me craint.
Mais il faut en effet soulager ma patrie,
De ses gémissements mon âme est attendrie.
Trop de sang innocent se verse tous les jours,
Il faut de ses malheurs que j'arrête le cours ;
Et, sans faire gémir ni Thèbes ni la Grèce,

A l'auteur de mes maux il faut que je m'adresse :
Il suffit aujourd'hui de son sang ou du mien.

JOCASTE. Du sang de votre frère !

           POLYNICE. Oui, madame, du sien.
Il faut finir ainsi cette guerre inhumaine.
Oui, cruel, et c'est là le dessein qui m'amène ;
Moi-même à ce combat j'ai voulu t'appeler ;
A tout autre qu'à toi je craignais d'en parler,
Tout autre aurait voulu condamner ma pensée,
Et personne en ces lieux ne te l'eût annoncée.
Je te l'annonce donc. C'est à toi de prouver
Si ce que tu ravis tu le sais conserver.
Montre-toi digne enfin d'une si belle proie.

ÉTÉOCLE. J'accepte ton dessein, et l'accepte avec joie,
      Créon sait là-dessus quel était mon désir :
      J'eusse accepté le trône avec moins de plaisir.

Je te crois maintenant digne du diadème;
Je te le vais porter au bout de ce fer même.

JOCASTE. Hâtez-vous donc, cruels, de me percer le sein;
Et commencez par moi votre horrible dessein.
Ne considérez point que je suis votre mère,
Considérez en moi celle de votre frère.
Si de votre ennemi vous recherchez le sang,
Recherchez-en la source en ce malheureux flanc :
Je suis de tous les deux la commune ennemie,
Puisque votre ennemi reçut de moi la vie;
Cet ennemi, sans moi, ne verrait pas le jour.
S'il meurt, ne faut-il pas que je meure à mon tour?
N'en doutez point, sa mort me doit être commune;
Il faut en donner deux, ou n'en donner pas une;
Et, sans être ni doux ni cruels à demi,
Il faut me perdre, ou bien sauver votre ennemi.
Si la vertu vous plaît, si l'honneur vous anime,
Barbares, rougissez de commettre un tel crime;
Ou si le crime, enfin, vous plaît tant à chacun,
Barbares, rougissez de n'en commettre qu'un.
Aussi bien ce n'est point que l'amour vous retienne,
Si vous sauvez ma vie en poursuivant la sienne :
Vous vous garderiez bien, cruels, de m'épargner,
Si je vous empêchais un moment de régner.
Polynice, est-ce ainsi que l'on traite une mère?

POLYNICE. J'épargne mon pays.

JOCASTE.   Et vous tuez un frère !

POLYNICE. Je punis un méchant.

JOCASTE.   Et sa mort, aujourd'hui,
Vous rendra plus coupable et plus méchant que lui.

POLYNICE. Faut-il que de ma main je couronne ce traître,
Et que de cour en cour j'aille chercher un maître,
Qu'errant et vagabond, je quitte mes états,
Pour observer des lois qu'il ne respecte pas?
De ses propres forfaits serai-je la victime?
Le diadème est-il le partage du crime?
Quel droit ou quel devoir n'a-t-il point violé!
Et cependant il règne, et je suis exilé!

JOCASTE. Mais si le roi d'Argos vous cède une couronne..

6

POLYNICE. Dois-je chercher ailleurs ce que le sang me donne?
En m'alliant chez lui n'aurai-je rien porté?
Et tiendrai-je mon rang de sa seule bonté?
D'un trône qui m'est dû faut-il que l'on me chasse,
Et d'un prince étranger que je brigue la place?
Non, non : sans m'abaisser à lui faire la cour,
Je veux devoir le sceptre à qui je dois le jour.

JOCASTE. Qu'on le tienne, mon fils, d'un beau-père ou d'un père,
La main de tous les deux vous sera toujours chère.

POLYNICE. Non, non, la différence est trop grande pour moi :
L'un me ferait esclave, et l'autre me fait roi.
Quoi! ma grandeur serait l'ouvrage d'une femme!
D'un éclat si honteux je rougirais dans l'âme.
Le trône, sans l'amour, me serait donc fermé?
Je ne régnerais pas, si l'on ne m'eût aimé?
Je veux m'ouvrir le trône, ou jamais n'y paraître;
Et quand j'y monterai, j'y veux monter en maître;
Que le peuple à moi seul soit forcé d'obéir,
Et qu'il me soit permis de m'en faire haïr.
Enfin, de ma grandeur je veux être l'arbitre,
N'être point roi, madame, ou l'être à juste titre;
Que le sang me couronne, ou, s'il ne suffit pas,
Je veux à son secours n'appeler que mon bras.

JOCASTE. Faites plus, tenez tout de votre grand courage;
Que votre bras tout seul fasse votre partage;
Et dédaignant les pas des autres souverains,
Soyez, mon fils, soyez l'ouvrage de vos mains.
Par d'illustres exploits couronnez-vous vous-même;
Qu'un superbe laurier soit votre diadème;
Régnez et triomphez, et joignez à la fois
La gloire des héros à la pourpre des rois.
Quoi! votre ambition serait-elle bornée
A régner tour à tour l'espace d'une année?
Cherchez à ce grand cœur, que rien ne peut dompter,
Quelque trône où vous seul ayez droit de monter.
Mille sceptres nouveaux s'offrent à votre épée,
Sans que d'un sang si cher nous la voyions trempée.
Vos triomphes pour moi n'auront rien que de doux,
Et votre frère même ira vaincre avec vous.

POLYNICE. Vous voulez que mon cœur, flatté de ces chimères,
Laisse un usurpateur au trône de mes pères?

JOCASTE. Si vous lui souhaitez en effet tant de mal,
Élevez-le vous-même à ce trône fatal.
Ce trône fut toujours un dangereux abîme;
La foudre l'environne aussi bien que le crime :
Votre père et les rois qui vous ont devancés,
Sitôt qu'ils y montaient, s'en sont vus renversés.

POLYNICE. Quand je devrais au ciel rencontrer le tonnerre,
J'y monterais plutôt que de ramper à terre.
Mon cœur, jaloux du sort de ces grands malheureux,
Veut s'élever, madame, et tomber avec eux.

ÉTÉOCLE. Je saurai t'épargner une chute si vaine.

POLYNICE. Ah! ta chute, crois-moi, précédera la mienne!

JOCASTE. Mon fils, son règne plaît.
        POLYNICE.   Mais il m'est odieux.

JOCASTE. Il a pour lui le peuple.
        POLYNICE.   Et j'ai pour moi les dieux.

ÉTÉOCLE. Les dieux de ce haut rang te voulaient interdire,
Puisqu'ils m'ont élevé le premier à l'empire :
Ils ne savaient que trop, lorsqu'ils firent ce choix,
Qu'on veut régner toujours quand on règne une fois.
Jamais dessus le trône on ne vit plus d'un maître;
Il n'en peut tenir deux, quelque grand qu'il puisse être :
L'un des deux, tôt ou tard, se verrait renversé;
Et d'un autre soi-même on y serait pressé.
Jugez donc, par l'horreur que ce méchant me donne,
Si je puis avec lui partager la couronne.

POLYNICE. Et moi, je ne veux plus, tant tu m'es odieux!
Partager avec toi la lumière des cieux.

JOCASTE. Allez donc, j'y consens, allez perdre la vie;
A ce cruel combat tous deux je vous convie;
Puisque tous mes efforts ne sauraient vous changer,
Que tardez-vous? allez vous perdre et me venger.
Surpassez, s'il se peut, les crimes de vos pères :
Montrez, en vous tuant, comme vous êtes frères :
Le plus grand des forfaits vous a donné le jour,
Il faut qu'un crime égal vous l'arrache à son tour.
Je ne condamne plus la fureur qui vous presse;

Je n'ai plus pour mon sang ni pitié ni tendresse :
Votre exemple m'apprend à ne le plus chérir ;
Et moi je vais, cruels, vous apprendre à mourir.

SCÈNE IV.

ÉTÉOCLE, POLYNICE, ANTIGONE, CRÉON, HÉMON.

ANTIGONE. Madame... Oh ciel ! que vois-je ! Hélas ! rien ne les touche !

HÉMON. Rien ne peut ébranler leur constance farouche.

ANTIGONE. Princes...

ÉTÉOCLE.   Pour ce combat, choisissons quelque lieu.

POLYNICE. Courons. Adieu, ma sœur.

ÉTÉOCLE.   Adieu, princesse, adieu.

ANTIGONE. Mes frères, arrêtez ! Gardes, qu'on les retienne ;
Joignez, unissez tous vos douleurs à la mienne.
C'est leur être cruels que de les respecter.

HÉMON. Madame, il n'est plus rien qui les puisse arrêter.

ANTIGONE. Ah ! généreux Hémon, c'est vous seul que j'implore.
Si la vertu vous plaît, si vous m'aimez encore,
Et qu'on puisse arrêter leurs parricides mains,
Hélas ! pour me sauver, sauvez ces inhumains.

ACTE CINQUIÈME

SCÈNE I.

ANTIGONE.

A quoi te résous-tu, princesse infortunée?
　　Ta mère vient de mourir dans tes bras;
　　　Ne saurais-tu suivre ses pas,
Et finir, en mourant, ta triste destinée?
A de nouveaux malheurs te veux-tu réserver!
Tes frères sont aux mains, rien ne les peut sauver
　　　De leurs cruelles armes.
Leur exemple t'anime à te percer le flanc;
　　　Et toi seule verses des larmes,
　　Tous les autres versent du sang.

Quelle est de mes malheurs l'extrémité mortelle!
　　　Où ma douleur doit-elle recourir?
　　　Dois-je vivre? dois-je mourir?
Un amant me retient, une mère m'appelle;
Dans la nuit du tombeau je la vois qui m'attend;
Ce que veut la raison, l'amour me le défend
　　　Et m'en ôte l'envie.
Que je vois de sujets d'abandonner le jour!

Mais, hélas! qu'on tient à la vie,
Quand on tient si fort à l'amour!

Oui, tu retiens, amour, mon âme fugitive;
Je reconnais la voix de mon vainqueur :
L'espérance est morte en mon cœur,
Et cependant tu vis, et tu veux que je vive;
Tu dis que mon amant me suivrait au tombeau,
Que je dois de mes jours conserver le flambeau
Pour sauver ce que j'aime.
Hémon, vois le pouvoir que l'amour a sur moi :
Je ne vivrais pas pour moi-même,
Et je veux bien vivre pour toi.

Si jamais tu doutas de ma flamme fidèle...
Mais voici du combat la funeste nouvelle.

SCENE II.

ANTIGONE, OLYMPE.

ANTIGONE. Eh bien, ma chère Olympe, as-tu vu ce forfait?
OLYMPE. J'y suis courue en vain, c'en était déjà fait.
Du haut de nos remparts j'ai vu descendre en larmes
Le peuple qui courait et qui criait aux armes;
Et, pour vous dire enfin d'où venait sa terreur,
Le roi n'est plus, madame, et son frère est vainqueur.
On parle aussi d'Hémon : l'on dit que son courage
S'est efforcé long-temps de suspendre leur rage,
Mais que tous ses efforts ont été superflus.
C'est ce que j'ai compris de mille bruits confus.
ANTIGONE. Ah! je n'en doute pas, Hémon est magnanime;
Son grand cœur eut toujours trop d'horreur pour le crime :
Je l'avais conjuré d'empêcher ce forfait;
Et s'il l'avait pu faire, Olympe, il l'aurait fait.
Mais, hélas! leur fureur ne pouvait se contraindre;
Dans des ruisseaux de sang elle voulait s'éteindre.
Princes dénaturés, vous voilà satisfaits :
La mort seule entre vous pouvait mettre la paix.
Le trône pour vous deux avait trop peu de place;

Il fallait entre vous mettre un plus grand espace,
Et que le ciel vous mît, pour finir vos discords,
L'un parmi les vivants, l'autre parmi les morts.
Infortunés tous deux, dignes qu'on vous déplore !
Moins malheureux pourtant que je ne suis encore,
Puisque de tous les maux qui sont tombés sur vous,
Vous n'en sentez aucun, et que je les sens tous !

OLYMPE. Mais pour vous ce malheur est un moindre supplice,
Que si la mort vous eût enlevé Polynice.
Ce prince était l'objet qui faisait tous vos soins :
Les intérêts du roi vous touchaient beaucoup moins.

ANTIGONE. Il est vrai, je l'aimais d'une amitié sincère ;
Je l'aimais beaucoup plus que je n'aimais son frère ;
Et ce qui lui donnait tant de part dans mes vœux,
Il était vertueux, Olympe, et malheureux.
Mais, hélas ! ce n'est plus ce cœur si magnanime,
Et c'est un criminel qu'a couronné son crime :
Son frère plus que lui commence à me toucher ;
Devenant malheureux, il m'est devenu cher.

OLYMPE. Créon vient.

ANTIGONE. Il est triste, et j'en connais la cause !
Au courroux du vainqueur la mort du roi l'expose.
C'est de tous nos malheurs l'auteur pernicieu x.

SCÈNE III.

ANTIGONE, CRÉON, OLYMPE, ATTALE, GARDES.

CRÉON. Madame, qu'ai-je appris en entrant dans ces lieux ?
Est-il vrai que la reine...

ANTIGONE. Oui, Créon, elle est morte.

CRÉON. Oh dieux ! puis-je savoir de quelle étrange sorte
Ses jours infortunés ont éteint leur flambeau !

OLYMPE. Elle-même, seigneur, s'est ouvert le tombeau ;
Et s'étant d'un poignard en un moment saisie,
Elle en a terminé ses malheurs et sa vie.

ANTIGONE. Elle a su prévenir la perte de son fils.

CRÉON. Ah ! madame, il est vrai que les dieux ennemis...

ANTIGONE. N'imputez qu'à vous seul la mort du roi mon frère,
Et n'en accusez point la céleste colère.
A ce combat fatal vous seul l'avez conduit :
Il a cru vos conseils ; sa mort en est le fruit.
Ainsi de leurs flatteurs les rois sont les victimes ;
Vous avancez leur perte, en approuvant leurs crimes ;
De la chute des rois vous êtes les auteurs ;
Mais les rois, en tombant, entraînent leurs flatteurs.
Vous le voyez, Créon : sa disgrâce mortelle
Vous est funeste autant qu'elle nous est cruelle ;
Le ciel, en le perdant, s'en est vengé sur vous,
Mais vous avez peut-être à pleurer comme nous.

CRÉON. Madame, je l'avoue ; et les destins contraires
Me font pleurer deux fils, si vous pleurez deux frères.

ANTIGONE. Mes frères et vos fils ! dieux ! que veut ce discours ?
Quelque autre qu'Étéocle a-t-il fini ses jours ?

CRÉON. Mais ne savez-vous pas cette sanglante histoire !

ANTIGONE. J'ai su que Polynice a gagné la victoire,
Et qu'Hémon a voulu les séparer en vain.

CRÉON. Madame, ce combat est bien plus inhumain.
Vous ignorez encor mes pertes et les vôtres ;
Mais, hélas ! apprenez les unes et les autres.

ANTIGONE. Rigoureuse fortune, achève ton courroux !
Ah ! sans doute, voici le dernier de tes coups !

CRÉON. Vous avez vu, madame, avec quelle furie
Les deux princes sortaient pour s'arracher la vie ;
Que d'une ardeur égale ils fuyaient de ces lieux,
Et que jamais leurs cœurs ne s'accordèrent mieux.
La soif de se baigner dans le sang de leur frère
Faisait ce que jamais le sang n'avait su faire :
Par l'excès de leur haine ils semblaient réunis ;
Et, prêts à s'égorger, ils paraissaient amis.
Ils ont choisi d'abord, pour leur champ de bataille,
Un lieu près des deux camps, au pied de la muraille.
C'est là que, reprenant leur première fureur,
Ils commencent enfin ce combat plein d'horreur.
D'un geste menaçant, d'un œil brûlant de rage,
Dans le sein l'un de l'autre ils cherchent un passage ;
Et, la seule fureur précipitant leurs bras,

Acte V. — *La Thébaïde*.

Tous deux semblent courir au-devant du trépas.

Mon fils, qui de douleur en soupirait dans l'âme,

Et qui se souvenait de vos ordres, madame,

Se jette au milieu d'eux, et méprise pour vous

Leurs ordres absolus qui nous arrêtaient tous.

Il leur retient le bras, les repousse, les prie,

Et pour les séparer s'expose à leur furie.

Mais il s'efforce en vain d'en arrêter le cours;

Et ces deux furieux se rapprochent toujours.

Il tient ferme pourtant, et ne perd point courage,

De mille coups mortels il détourne l'orage,

Jusqu'à ce que du roi le fer trop rigoureux,

Soit qu'il cherchât son frère, ou ce fils malheureux,

Le renverse à ses pieds prêt à rendre la vie.

ANTIGONE. Et la douleur encor ne me l'a pas ravie!

CRÉON. J'y cours, je le relève, et le prends dans mes bras;

Et me reconnaissant : « Je meurs, dit-il tout bas,

» Trop heureux d'expirer pour ma belle princesse.

» En vain à mon secours votre amitié s'empresse;

» C'est à ces furieux que vous devez courir :

» Séparez-les, mon père, et me laissez mourir. »

Il expire à ces mots. Ce barbare spectacle

A leur noire fureur n'apporte point d'obstacle;

Seulement Polynice en paraît affligé :

« Attends, Hémon, dit-il, tu vas être vengé. »

En effet, sa douleur renouvelle sa rage,

Et bientôt le combat tourne à son avantage.

Le roi, frappé d'un coup qui lui perce le flanc,

Lui cède la victoire, et tombe dans son sang.

Les deux camps aussitôt s'abandonnent en proie,

Le nôtre à la douleur, et les Grecs à la joie;

Et le peuple, alarmé du trépas de son roi,

Sur le haut de ses tours témoigne son effroi.

Polynice, tout fier du succès de son crime,

Regarde avec plaisir expirer sa victime;

Dans le sang de son frère il semble se baigner :

« Et tu meurs, lui dit-il, et moi je vais régner.

» Regarde dans mes mains l'empire et la victoire;

» Va rougir aux enfers de l'excès de ma gloire;

7

» Et pour mourir encore avec plus de regret,
» Traître, songe en mourant que tu meurs mon sujet. »
En achevant ces mots, d'une démarche fière
Il s'approche du roi couché sur la poussière,
Et pour le désarmer il avance le bras.
Le roi, qui semble mort, observe tous ses pas;
Il le voit, il l'attend, et son âme irritée,
Pour quelque grand dessein semble s'être arrêtée.
L'ardeur de se venger flatte encor ses désirs,
Et retarde le cours de ses derniers soupirs.
Prêt à rendre la vie, il en cache le reste,
Et sa mort au vainqueur est un piége funeste :
Et dans l'instant fatal que ce frère inhumain
Lui veut ôter le fer qu'il tenait à la main,
Il lui perce le cœur; et son âme ravie,
En achevant ce coup, abandonne la vie.
Polynice frappé pousse un cri dans les airs,
Et son âme en courroux s'enfuit dans les enfers.
Tout mort qu'il est, madame, il garde sa colère;
Et l'on dirait qu'encore il menace son frère :
Son visage, où la mort a répandu ses traits,
Demeure plus terrible et plus fier que jamais.

ANTIGONE.   Fatale ambition, aveuglement funeste !
D'un oracle cruel suite trop manifeste !
De tout le sang royal il ne reste que nous;
Et plût aux dieux, Créon, qu'il ne restât que vous,
Et que mon désespoir, prévenant leur colère,
Eût suivi de plus près le trépas de ma mère !

CRÉON.   Il est vrai que des dieux le courroux embrasé
Pour nous faire périr semble s'être épuisé;
Car enfin sa rigueur, vous le voyez, madame,
Ne m'accable pas moins qu'elle afflige votre âme.
En m'arrachant mes fils...

          ANTIGONE.   Ah ! vous régnez, Créon;
Et le trône aisément vous console d'Hémon.
Mais laissez-moi, de grâce, un peu de solitude,
Et ne contraignez point ma triste inquiétude;
Aussi bien mes chagrins passeraient jusqu'à vous.
Vous treuverez ailleurs des entretiens plus doux,

Le trône vous attend, le peuple vous appelle;
Goûtez tout le plaisir d'une grandeur nouvelle.
Adieu. Nous ne faisons tous deux que nous gêner.
Je veux pleurer, Créon, et vous voulez régner.

CRÉON, *arrêtant Antigone.* Ah, madame! régnez, et montez sur le trône :
Ce haut rang n'appartient qu'à l'illustre Antigone.

ANTIGONE. Il me tarde déjà que vous ne l'occupiez.
La couronne est à vous.
                   CRÉON. Je la mets à vos pieds.

ANTIGONE. Je la refuserais de la main des dieux même;
Et vous osez, Créon, m'offrir le diadème!

CRÉON. Je sais que ce haut rang n'a rien de glorieux
Qui ne cède à l'honneur de l'offrir à vos yeux.
D'un si noble destin je me connais indigne :
Mais si l'on peut prétendre à cette gloire insigne,
Si par d'illustres faits on la peut mériter,
Que faut-il faire enfin, madame!
                   ANTIGONE. M'imiter.

CRÉON. Que ne ferais-je point pour une telle grâce !
Ordonnez seulement ce qu'il faut que je fasse :
Je suis prêt...

ANTIGONE, *en s'en allant.* Nous verrons.
                CRÉON, *la suivant.* J'attends vos lois ici.

ANTIGONE, *en s'en allant.* Attendez.

SCÈNE IV.

CRÉON, ATTALE, GARDES.

ATTALE. Son courroux serait-il adouci !
Croyez-vous la fléchir?
           CRÉON. Oui, oui, mon cher Attale;
Il n'est point de fortune à mon bonheur égale;
Et tu vas voir en moi, dans ce jour fortuné,
L'ambitieux au trône, et l'amant couronné.
Je demandais au ciel la princesse et le trône;
Il me donne le sceptre, et m'accorde Antigone.
Pour couronner ma tête et ma flamme en ce jour,

Il arme en ma faveur et la haine et l'amour ;
Il allume pour moi deux passions contraires ;
Il attendrit la sœur, il endurcit les frères ;
Il aigrit leur courroux, il fléchit sa rigueur,
Et m'ouvre en même temps et leur trône et son cœur.

ATTALE. Il est vrai, vous avez toute chose prospère,
Et vous seriez heureux si vous n'étiez point père.
L'ambition, l'amour n'ont rien à désirer ;
Mais, seigneur, la nature a beaucoup à pleurer.
En perdant vos deux fils...

CRÉON. Oui, leur perte m'afflige :
Je sais ce que de moi le rang de père exige ;
Je l'étais. Mais surtout j'étais né pour régner ;
Et je perds beaucoup moins que je ne crois gagner.
Le nom de père, Attale, est un titre vulgaire ;
C'est un don que le ciel ne nous refuse guère :
Un bonheur si commun n'a pour moi rien de doux ;
Ce n'est pas un bonheur, s'il ne fait des jaloux.
Mais le trône est un bien dont le ciel est avare ;
Du reste des mortels ce haut rang nous sépare ;
Bien peu sont honorés d'un don si précieux :
La terre a moins de rois que le ciel n'a de dieux.
D'ailleurs tu sais qu'Hémon adorait la princesse,
Et qu'elle eut pour ce prince une extrême tendresse :
S'il vivait, son amour au mien serait fatal.
En me privant d'un fils, le ciel m'ôte un rival.
Ne me parle donc plus que de sujets de joie,
Souffre qu'à mes transports je m'abandonne en proie ;
Et, sans me rappeler des ombres des enfers,
Dis-moi ce que je gagne, et non ce que je perds :
Parle-moi de régner, parle-moi d'Antigone ;
J'aurai bientôt son cœur, et j'ai déjà le trône.
Tout ce qui s'est passé n'est qu'un songe pour moi :
J'étais père et sujet, je suis amant et roi.
La princesse et le trône ont pour moi tant de charmes,
Que... Mais Olympe vient.

ATTALE. Dieux ! elle est tout en larmes.

SCENE V.

CRÉON, OLYMPE, ATTALE, GARDES.

OLYMPE. Qu'attendez-vous, seigneur! la princesse n'est plus.
CRÉON. Elle n'est plus, Olympe!
                    OLYMPE. Ah! regrets superflus!
Elle n'a fait qu'entrer dans la chambre prochaine,
Et du même poignard dont est morte la reine,
Sans que je pusse voir son funeste dessein,
Cette fière princesse a percé son beau sein :
Elle s'en est, seigneur, mortellement frappée;
Et dans son sang, hélas! elle est soudain tombée.
Jugez à cet objet ce que j'ai dû sentir.
Mais, sa belle âme enfin, toute prête à sortir :
« Cher Hémon, c'est à toi que je me sacrifie, »
Dit-elle; et ce moment a terminé sa vie.
J'ai senti son beau corps tout froid entre mes bras;
Et j'ai cru que mon âme allait suivre ses pas.
Heureuse mille fois si ma douleur mortelle
Dans la nuit du tombeau m'eût plongée avec elle!

SCÈNE VI.

CRÉON, ATTALE, GARDES.

CRÉON. Ainsi donc vous fuyez un amant odieux,
Et vous-même, cruelle, éteignez vos beaux yeux!
Vous fermez pour jamais ces beaux yeux que j'adore;
Et, pour ne me point voir, vous les fermez encore!
Quoiqu'Hémon vous fût cher, vous courez au trépas
Bien plus pour m'éviter que pour suivre ses pas!
Mais, dussiez-vous encor m'être aussi rigoureuse,
Ma présence aux enfers vous fût-elle odieuse,
Dût après le trépas vivre votre courroux,
Inhumaine, je vais y descendre après vous.

Vous y verrez toujours l'objet de votre haine,
Et toujours mes soupirs vous rediront ma peine,
Ou pour vous adoucir, ou pour vous tourmenter ;
Et vous ne pourrez plus mourir pour m'éviter.
Mourons donc...

ATTALE, *lui arrachant son épée.* Ah! seigneur! quelle cruelle envie!

CRÉON. Ah! c'est m'assassiner que me sauver la vie!

C. NANTEUIL   V. LOUTREL

Amour, rage, transports, venez à mon secours.
Venez, et terminez mes détestables jours!
De ces cruels amis trompez tous les obstacles!
Toi, justifie, ô ciel, la foi de tes oracles!
Je suis le dernier sang du malheureux Laïus;
Perdez-moi, dieux cruels, ou vous serez déçus.
Reprenez, reprenez cet empire funeste;
Vous m'ôtez Antigone, ôtez-moi tout le reste :

Le trône et vos présents excitent mon courroux ;
Un coup de foudre est tout ce que je veux de vous.
Ne le refusez pas à mes vœux, à mes crimes ;
Ajoutez mon supplice à tant d'autres victimes.
Mais en vain je vous presse, et mes propres forfaits
Me font déjà sentir tous les maux que j'ai faits.
Polynice, Jocaste, Étéocle, Antigone,
Mes fils que j'ai perdus, pour m'élever au trône,
Tant d'autres malheureux dont j'ai causé les maux,
Font déjà dans mon cœur l'office des bourreaux.
Arrêtez... Mon trépas va venger votre perte ;
La foudre va tomber, la terre est entr'ouverte ;
Je ressens à la fois mille tourments divers,
Et je m'en vais chercher du repos aux enfers.

       (Il tombe entre les mains des gardes.)

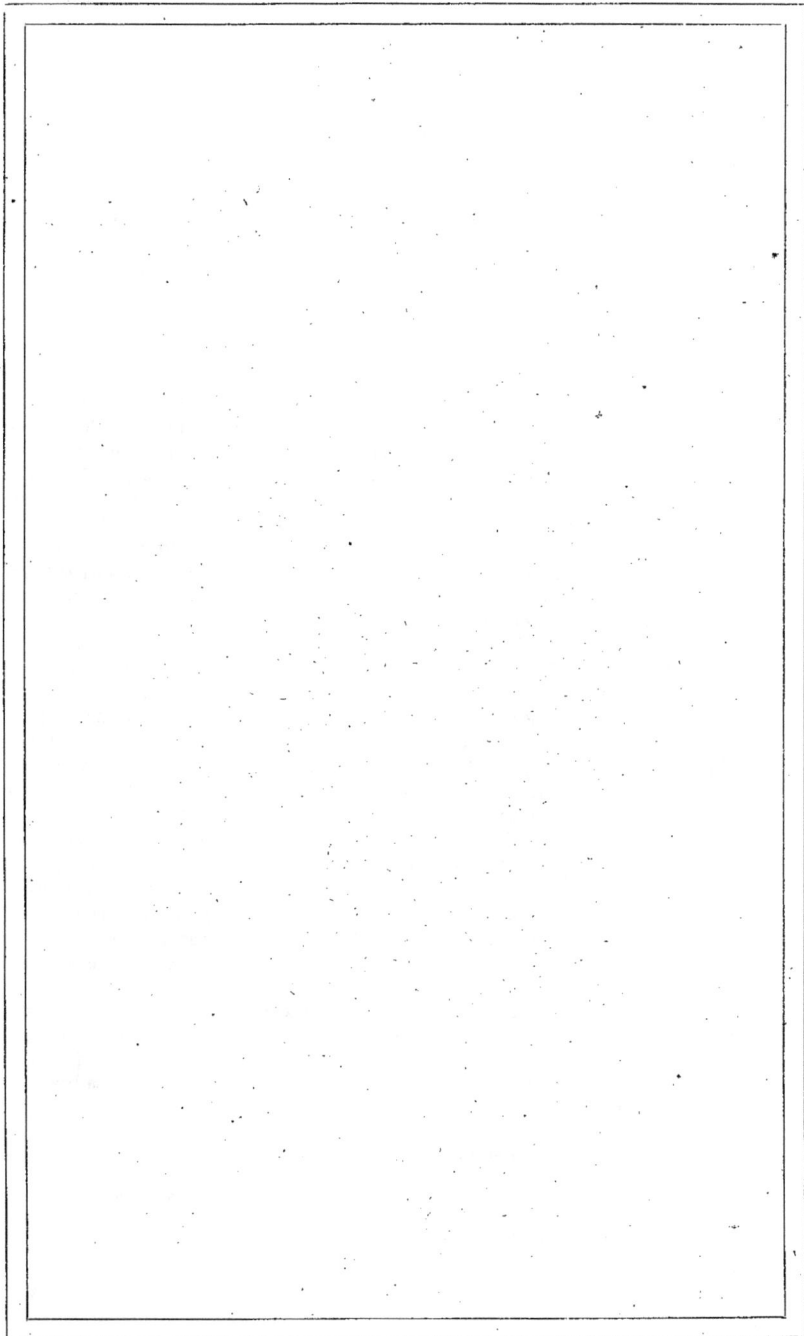

PRÉFACE

D'ALEXANDRE-LE-GRAND.

Il n'y a guère de tragédie où l'histoire soit plus fidèlement suivie que dans celle-ci. Le sujet en est tiré de plusieurs auteurs : mais surtout du huitième livre de Quinte-Curce. C'est là qu'on peut voir tout ce qu'Alexandre fit lorsqu'il entra dans les Indes, les ambassades qu'il envoya aux rois de ce pays-là, les différentes réceptions qu'ils firent à ses envoyés, l'alliance que Taxile fit avec lui, la fierté avec laquelle Porus refusa les conditions qu'on lui présentait, l'inimitié qui était entre Porus et Taxile, et enfin la victoire qu'Alexandre remporta sur Porus, la réponse généreuse que ce brave Indien fit au vainqueur, qui lui demandait comment il voulait qu'on le traitât, et la générosité avec laquelle Alexandre lui rendit tous ses États, et en ajouta beaucoup d'autres.

Cette action d'Alexandre a passé pour une des plus belles que prince ait faites en sa vie; et le danger que Porus lui fit courir dans la bataille lui parut le plus grand où il se fût jamais trouvé. Il le confessa lui-même, en disant qu'il avait trouvé enfin un péril digne de son courage. Et ce fut en cette même occasion qu'il s'écria : « O Athéniens, combien de travaux j'endure pour me faire louer de vous! »

J'ai tâché de représenter en Porus un ennemi digne d'Alexandre, et je puis dire que son caractère a plu extrêmement sur notre théâtre, jusque-là que des personnes m'ont reproché que je faisais ce prince plus grand qu'Alexandre. Mais ces personnes ne considèrent pas que, dans la bataille et dans la victoire, Alexandre est en effet plus grand que Porus; qu'il n'y a pas un vers dans la tragédie qui ne soit à la louange d'Alexandre; que les invectives mêmes de Porus et d'Axiane sont autant d'éloges de la valeur de ce conquérant. Porus a peut-être quelque chose qui intéresse davantage, parce qu'il est dans le malheur; car, comme dit Sénèque [1], « Nous sommes de telle nature, qu'il n'y a rien au monde qui se fasse tant admirer » qu'un homme qui sait être malheureux avec courage. »

Les amours d'Alexandre et de Cléofile ne sont pas de mon invention; Justin en parle, aussi bien que Quinte-Curce. Ces deux historiens rapportent qu'une reine dans les Indes, nommée Cléofile, se rendit à ce prince avec la ville où il la tenait assiégée, et qu'il la rétablit dans son royaume en considération de sa beauté. Elle en eut un fils, et elle l'appela Alexandre [2].

[1] Ita affecti sumus, ut nihil æquè magnam apud nos admirationem occupet, quam homo fortiter miser.

[2] Regna Cleophilis reginæ petit, quæ, quum se dedisset ei, concubitu redemptum regnum ab Alexandro recepit, illecebris consecuta quod virtute non potuerat; filiumque, ab eo genitum, Alexandrum nominavit, qui postea regno Indorum potitus est.   JUSTIN.

8

ACTEURS.

ALEXANDRE.
PORUS, } rois dans les Indes.
TAXILE,
AXIANE, reine d'une autre partie des Indes;

CLÉOFILE, sœur de Taxile.
ÉPHESTION.
SUITE d'Alexandre.

La scène est sur le bord de l'Hydaspe, dans le camp de Taxile.

ACTE PREMIER.

SCÈNE I.

TAXILE, CLÉOFILE.

CLÉOFILE. Quoi! vous allez combattre un roi dont la puissance
Semble forcer le ciel à prendre sa défense,
Sous qui toute l'Asie a vu tomber ses rois,
Et qui tient la fortune attachée à ses lois !

Mon frère, ouvrez les yeux pour connaître Alexandre.
Voyez de toutes parts les trônes mis en cendre,
Les peuples asservis et les rois enchaînés ;
Et prévenez les maux qui les ont entraînés.

TAXILE. Voulez-vous que, frappé d'une crainte si basse,
Je présente la tête au joug qui nous menace,
Et que j'entende dire aux peuples indiens
Que j'ai forgé moi-même et leurs fers et les miens ?
Quitterai-je Porus ? Trahirai-je ces princes
Que rassemble le soin d'affranchir nos provinces,
Et qui, sans balancer sur un si noble choix,
Sauront également vivre ou mourir en rois ?
En voyez-vous un seul qui, sans rien entreprendre,
Se laisse terrasser au seul nom d'Alexandre ;
Et, le croyant déjà maître de l'univers,
Aille, esclave empressé, lui demander des fers ?
Loin de s'épouvanter à l'aspect de sa gloire,
Ils l'attaqueront même au sein de la victoire ;
Et vous voulez, ma sœur, que Taxile aujourd'hui,
Tout prêt à le combattre, implore son appui !

CLÉOFILE. Aussi n'est-ce qu'à vous que ce prince s'adresse ;
Pour votre amitié seule Alexandre s'empresse :
Quand la foudre s'allume et s'apprête à partir,
Il s'efforce en secret de vous en garantir.

TAXILE. Pourquoi suis-je le seul que son courroux ménage ?
De tous ceux que l'Hydaspe oppose à son courage,
Ai-je mérité seul son indigne pitié ?
Ne peut-il à Porus offrir son amitié ?
Ah ! sans doute, il lui croit l'âme trop généreuse
Pour écouter jamais une offre si honteuse :
Il cherche une vertu qui lui résiste moins ;
Et peut-être il me croît plus digne de ses soins.

CLÉOFILE. Dites, sans l'accuser de chercher un esclave,
Que de ses ennemis il vous croit le plus brave ;
Et qu'en vous arrachant les armes de la main,
Il se promet du reste un triomphe certain :
Son choix à votre nom n'imprime point de taches ;
Son amitié n'est point le partage des lâches ;
Quoiqu'il brûle de voir tout l'univers soumis,

On ne voit point d'esclave au rang de ses amis.
Ah ! si son amitié peut souiller votre gloire,
Que ne m'épargniez-vous une tache si noire ?
Vous connaissez les soins qu'il me rend tous les jours,
Il ne tenait qu'à vous d'en arrêter le cours.
Vous me voyez ici maîtresse de son âme;
Cent messages secrets m'assurent de sa flamme;
Pour venir jusqu'à moi, ses soupirs embrasés
Se font jour au travers des deux camps opposés.
Au lieu de le haïr, au lieu de m'y contraindre,
De mon trop de rigueur je vous ai vu vous plaindre;
Vous m'avez engagée à souffrir son amour,
Et peut-être, mon frère, à l'aimer à mon tour.

TAXILE. Vous pouvez, sans rougir du pouvoir de vos charmes,
Forcer ce grand guerrier à vous rendre les armes;
Et, sans que votre cœur doive s'en alarmer,
Le vainqueur de l'Euphrate a pu vous désarmer :
Mais l'état aujourd'hui suivra ma destinée;
Je tiens avec mon sort sa fortune enchaînée;
Et, quoique vos conseils tâchent de me fléchir,
Je dois demeurer libre, afin de l'affranchir.
Je sais l'inquiétude où ce dessein vous livre;
Mais comme vous, ma sœur, j'ai mon amour à suivre.
Les beaux yeux d'Axiane, ennemis de la paix,
Contre votre Alexandre arment tous leurs attraits;
Reine de tous les cœurs, elle met tout en armes
Pour cette liberté que détruisent ses charmes;
Elle rougit des fers qu'on apporte en ces lieux,
Et n'y saurait souffrir de tyrans que ses yeux.
Il faut servir, ma sœur, son illustre colère;
Il faut aller...

   CLÉOFILE. Hé bien ! perdez-vous pour lui plaire;
De ces tyrans si chers suivez l'arrêt fatal,
Servez-les, ou plutôt servez votre rival.
De vos propres lauriers souffrez qu'on le couronne;
Combattez pour Porus, Axiane l'ordonne;
Et, par de beaux exploits appuyant sa rigueur,
Assurez à Porus l'empire de son cœur.

TAXILE. Ah ma sœur ! croyez-vous que Porus...

CLÉOFILE. Mais vous-même
Doutez-vous, en effet, qu'Axiane ne l'aime?
Quoi! ne voyez-vous pas avec quelle chaleur,
L'ingrate, à vos yeux même, étale sa valeur?
Quelque brave qu'on soit, si nous la voulons croire,
Ce n'est qu'autour de lui que vole la victoire :
Vous formeriez sans lui d'inutiles desseins;
La liberté de l'Inde est toute entre ses mains ;
Sans lui déjà nos murs seraient réduits en cendre ;
Lui seul peut arrêter les progrès d'Alexandre :
Elle se fait un dieu de ce prince charmant,
Et vous doutez encor qu'elle en fasse un amant!

TAXILE. Je tâchais d'en douter, cruelle Cléofile :
Hélas! dans son erreur affermissez Taxile.
Pourquoi lui peignez-vous cet objet odieux?
Aidez-le bien plutôt à démentir ses yeux :
Dites-lui qu'Axiane est une beauté fière,
Telle à tous les mortels qu'elle est à votre frère ;
Flattez de quelque espoir...

CLÉOFILE. Espérez, j'y consens ;
Mais n'espérez plus rien de vos soins impuissants.
Pourquoi dans les combats chercher une conquête
Qu'à vous livrer lui-même Alexandre s'apprête?
Ce n'est pas contre lui qu'il la faut disputer ;
Porus est l'ennemi qui prétend vous l'ôter.
Pour ne vanter que lui, l'injuste renommée
Semble oublier les noms du reste de l'armée :
Quoi qu'on fasse, lui seul en ravit tout l'éclat,
Et comme ses sujets il vous mène au combat,
Ah! si ce nom vous plaît, si vous cherchez à l'être,
Les Grecs et les Persans vous enseignent un maître ;
Vous trouverez cent rois compagnons de vos fers ;
Porus y viendra même avec tout l'univers.
Mais Alexandre enfin ne vous tend point de chaînes ;
Il laisse à votre front ces marques souveraines
Qu'un orgueilleux rival ose ici dédaigner.
Porus vous fait servir, il vous fera régner
Au lieu que de Porus vous êtes la victime,
Vous serez... Mais voici ce rival magnanime.

TAXILE. Ah ma sœur ! je me trouble ; et mon cœur alarmé,
En voyant mon rival, me dit qu'il est aimé.

CLÉOFILE. Le temps vous presse. Adieu. C'est à vous de vous rendre
L'esclave de Porus, ou l'ami d'Alexandre.

SCÈNE II.

PORUS, TAXILE.

PORUS. Seigneur, ou je me trompe, ou nos fiers ennemis
Feront moins de progrès qu'ils ne s'étaient promis.
Nos chefs et nos soldats, brûlants d'impatience,
Font lire sur leur front une mâle assurance ;
Ils s'animent l'un l'autre, et nos moindres guerriers
Se promettent déjà des moissons de lauriers.
J'ai vu de rang en rang cette ardeur répandue
Par des cris généreux éclater à ma vue.
Ils se plaignent qu'au lieu d'éprouver leur grand cœur,
L'oisiveté d'un camp consume leur vigueur.
Laisserons-nous languir tant d'illustres courages ?
Notre ennemi, seigneur, cherche ses avantages ;
Il se sent faible encore ; et, pour nous retenir,
Éphestion demande à nous entretenir,
Et par de vains discours...

TAXILE. Seigneur, il faut l'entendre,
Nous ignorons encor ce que veut Alexandre :
Peut-être est-ce la paix qu'il nous veut présenter.

PORUS. La paix ! Ah ! de sa main pourriez-vous l'accepter ?
Hé quoi ! nous l'aurons vu, par tant d'horribles guerres,
Troubler le calme heureux dont jouissaient nos terres,
Et, le fer à la main, entrer dans nos états
Pour attaquer des rois qui ne l'offensaient pas ;
Nous l'aurons vu piller des provinces entières,
Du sang de nos sujets faire enfler nos rivières ;
Et, quand le ciel s'apprête à nous l'abandonner,
J'attendrai qu'un tyran daigne nous pardonner !

TAXILE. Ne dites point, seigneur, que le ciel l'abandonne ;
D'un soin toujours égal sa faveur l'environne.

Un roi qui fait trembler tant d'états sous ses lois
N'est pas un ennemi que méprisent les rois.

PORUS. Loin de le mépriser, j'admire son courage ;
Je rends à sa valeur un légitime hommage ;
Mais je veux, à mon tour, mériter les tributs
Que je me sens forcé de rendre à ses vertus.
Oui, je consens qu'au ciel on élève Alexandre,
Mais si je puis, seigneur, je l'en ferai descendre,
Et j'irai l'attaquer jusque sur les autels
Que lui dresse en tremblant le reste des mortels.
C'est ainsi qu'Alexandre estima tous ces princes
Dont sa valeur pourtant a conquis les provinces :
Si son cœur dans l'Asie eût montré quelque effroi,
Darius en mourant l'aurait-il vu son roi ?

TAXILE. Seigneur, si Darius avait su se connaître,
Il régnerait encore où règne un autre maître.
Cependant cet orgueil, qui causa son trépas,
Avait un fondement que vos mépris n'ont pas :
La valeur d'Alexandre à peine était connue ;
Ce foudre était encore enfermé dans la nue.
Dans un calme profond Darius endormi,
Ignorait jusqu'au nom d'un si faible ennemi.
Il le connut bientôt ; et son âme, étonnée,
De tout ce grand pouvoir se vit abandonnée :
Il se vit terrassé d'un bras victorieux ;
Et la foudre en tombant lui fit ouvrir les yeux.

PORUS. Mais encore, à quel prix croyez-vous qu'Alexandre
Mette l'indigne paix dont il veut vous surprendre ?
Demandez-le, seigneur, à cent peuples divers
Que cette paix trompeuse a jetés dans les fers.
Non, ne nous flattons point : sa douceur nous outrage ;
Toujours son amitié traîne un long esclavage :
En vain on prétendrait n'obéir qu'à demi ;
Si l'on n'est son esclave, on est son ennemi.

TAXILE. Seigneur, sans se montrer lâche ni téméraire,
Par quelque vain hommage on peut le satisfaire.
Flattons par des respects ce prince ambitieux
Que son bouillant orgueil appelle en d'autres lieux.
C'est un torrent qui passe, et dont la violence

Acte Ier. — *Alexandre*

Sur tout ce qui l'arrête exerce sa puissance ;
Qui, grossi du débris de cent peuples divers,
Veut du bruit de son cours remplir tout l'univers.
Que sert de l'irriter par un orgueil sauvage ?
D'un favorable accueil honorons son passage ;
Et, lui cédant des droits que nous reprendrons bien,
Rendons-lui des devoirs qui ne nous coûtent rien.

PORUS. Qui ne nous coûtent rien, seigneur ! l'osez-vous croire ?
Compterai-je pour rien la perte de ma gloire ?
Votre empire et le mien seraient trop achetés,
S'ils coûtaient à Porus les moindres lâchetés.
Mais croyez-vous qu'un prince enflé de tant d'audace
De son passage ici ne laissât point de trace ?
Combien de rois, brisés à ce funeste écueil,
Ne règnent plus qu'autant qu'il plaît à son orgueil !
Nos couronnes, d'abord devenant ses conquêtes,
Tant que nous régnerions flotteraient sur nos têtes ;
Et nos sceptres, en proie à ses moindres dédains,
Dès qu'il aurait parlé tomberaient de nos mains.
Ne dites point qu'il court de province en province :
Jamais de ses liens il ne dégage un prince ;
Et, pour mieux asservir les peuples sous ses lois,
Souvent dans la poussière il leur cherche des rois.
Mais ces indignes soins touchent peu mon courage ;
Votre seul intérêt m'inspire ce langage.
Porus n'a point de part dans tout cet entretien ;
Et, quand la gloire parle, il n'écoute plus rien.

TAXILE. J'écoute, comme vous, ce que l'honneur m'inspire,
Seigneur ; mais il m'engage à sauver mon empire.

PORUS. Si vous voulez sauver l'un et l'autre aujourd'hui,
Prévenons Alexandre, et marchons contre lui.

TAXILE. L'audace et le mépris sont d'infidèles guides.

PORUS. La honte suit de près les courages timides.

TAXILE. Le peuple aime les rois qui savent l'épargner.

PORUS. Il estime encor plus ceux qui savent régner.

TAXILE. Ces conseils ne plairont qu'à des âmes hautaines.

PORUS. Ils plairont à des rois, et peut-être à des reines.

TAXILE. La reine, à vous ouïr, n'a des yeux que pour vous

PORUS. Un esclave est pour elle un objet de courroux.

9

TAXILE. Mais croyez-vous, seigneur, que l'amour vous ordonne
D'exposer avec vous son peuple et sa personne?
Non, non, sans vous flatter, avouez qu'en ce jour
Vous suivez votre haine, et non pas votre amour.

PORUS. Hé bien! je l'avoûrai, que ma juste colère
Aime la guerre autant que la paix vous est chère;
J'avoûrai que, brûlant d'une noble chaleur,
Je vais contre Alexandre éprouver ma valeur.
Du bruit de ses exploits mon âme importunée
Attend depuis long-temps cette heureuse journée.
Avant qu'il me cherchât, un orgueil inquiet
M'avait déjà rendu son ennemi secret.
Dans le noble transport de cette jalousie,
Je le trouvais trop lent à traverser l'Asie;
Je l'attirais ici par des vœux si puissants,
Que je portais envie au bonheur des Persans;
Et maintenant encor, s'il trompait mon courage,
Pour sortir de ces lieux s'il cherchait un passage,
Vous me verriez moi-même, armé pour l'arrêter,
Lui refuser la paix qu'il nous veut présenter.

TAXILE. Oui, sans doute, une ardeur si haute et si constante
Vous promet dans l'histoire une place éclatante;
Et, sous ce grand dessein dussiez-vous succomber,
Au moins c'est avec bruit qu'on vous verra tomber.
La reine vient. Adieu. Vantez-lui votre zèle;
Découvrez cet orgueil qui vous rend digne d'elle.
Pour moi, je troublerais un si noble entretien,
Et vos cœurs rougiraient des faiblesses du mien.

SCÈNE III.

PORUS, AXIANE.

AXIANE. Quoi! Taxile me fuit! Quelle cause inconnue...

PORUS. Il fait bien de cacher sa honte à votre vue;
Et, puisqu'il n'ose plus s'exposer aux hasards,
De quel front pourrait-il soutenir vos regards?
Mais laissons-le, madame; et puisqu'il veut se rendre,
Qu'il aille avec sa sœur adorer Alexandre.
Retirons-nous d'un camp où, l'encens à la main,
Le fidèle Taxile attend son souverain.

AXIANE. Mais, seigneur, que dit-il?

PORUS. Il en fait trop paraître :
Cet esclave déjà m'ose vanter son maître,
Il veut que je le serve...

AXIANE. Ah! sans vous emporter,
Souffrez que mes efforts tâchent de l'arrêter :
Ses soupirs, malgré moi, m'assurent qu'il m'adore.
Quoi qu'il en soit, souffrez que je lui parle encore ;
Et ne le forçons point, par ce cruel mépris,
D'achever un dessein qu'il peut n'avoir pas pris.

PORUS. Hé quoi! vous en doutez, et votre âme s'assure
Sur la foi d'un amant infidèle et parjure,
Qui veut à son tyran vous livrer aujourd'hui,
Et croit, en vous donnant, vous obtenir de lui !
Hé bien! aidez-le donc à vous trahir vous-même.
Il vous peut arracher à mon amour extrême ;
Mais il ne peut m'ôter, par ses efforts jaloux,
La gloire de combattre et de mourir pour vous.

AXIANE. Et vous croyez qu'après une telle insolence,
Mon amitié, seigneur, serait sa récompense?
Vous croyez que, mon cœur s'engageant sous sa loi,
Je souscrirais au don qu'on lui ferait de moi?
Pouvez-vous, sans rougir, m'accuser d'un tel crime?
Ai-je fait pour ce prince éclater tant d'estime?
Entre Taxile et vous s'il fallait prononcer,
Seigneur, le croyez-vous, qu'on me vît balancer?
Sais-je pas que Taxile est une âme incertaine,
Que l'amour le retient quand la crainte l'entraîne?
Sais-je pas que, sans moi, sa timide valeur
Succomberait bientôt aux ruses de sa sœur?
Vous savez qu'Alexandre en fit sa prisonnière,
Et qu'enfin cette sœur retourna vers son frère ;
Mais je connus bientôt qu'elle avait entrepris
De l'arrêter au piége où son cœur était pris.

PORUS. Et vous pouvez encor demeurer auprès d'elle !
Que n'abandonnez-vous cette sœur criminelle?
Pourquoi, par tant de soins, voulez-vous épargner
Un prince...

AXIANE. C'est pour vous que je le veux gagner.

Vous verrai-je, accablé du soin de nos provinces,
Attaquer seul un roi vainqueur de tant de princes?
Je vous veux dans Taxile offrir un défenseur
Qui combatte Alexandre en dépit de sa sœur.
Que n'avez-vous pour moi cette ardeur empressée!
Mais d'un soin si commun votre âme est peu blessée.
Pourvu que ce grand cœur périsse noblement,
Ce qui suivra sa mort le touche faiblement.
Vous me voulez livrer, sans secours, sans asile,
Au courroux d'Alexandre, à l'amour de Taxile,
Qui, me traitant bientôt en superbe vainqueur,
Pour prix de votre mort demandera mon cœur.
Hé bien! seigneur, allez, contentez votre envie;
Combattez; oubliez le soin de votre vie;
Oubliez que le ciel, favorable à vos vœux,
Vous préparait peut-être un sort assez heureux.
Peut-être qu'à son tour Axiane charmée
Allait... Mais non, seigneur, courez vers votre armée.
Un si long entretien vous serait ennuyeux;
Et c'est vous retenir trop long-temps en ces lieux.

PORUS Ah madame! arrêtez, et connaissez ma flamme;
Ordonnez de mes jours, disposez de mon âme:
La gloire y peut beaucoup, je ne m'en cache pas;
Mais que n'y peuvent point tant de divins appas!
Je ne vous dirai point que pour vaincre Alexandre
Vos soldats et les miens allaient tout entreprendre;
Que c'était pour Porus un bonheur sans égal
De triompher tout seul aux yeux de son rival:
Je ne vous dis plus rien. Parlez en souveraine:
Mon cœur met à vos pieds et sa gloire et sa haine.

AXIANE. Ne craignez rien; ce cœur, qui veut bien m'obéir,
N'est pas entre des mains qui le puissent trahir
Non, je ne prétends pas, jalouse de sa gloire,
Arrêter un héros qui court à la victoire.
Contre un fier ennemi précipitez vos pas,
Mais de nos alliés ne vous séparez pas:
Ménagez-les, seigneur, et, d'une âme tranquille,
Laissez agir mes soins sur l'esprit de Taxile;
Montrez en sa faveur des sentiments plus doux;

Je le vais engager à combattre pour vous.

PORUS. Hé bien, madame, allez, j'y consens avec joie :
Voyons Éphestion, puisqu'il faut qu'on le voie.
Mais, sans perdre l'espoir de le suivre de près,
J'attends Éphestion, et le combat après.

ACTE
SECOND

SCÈNE I.

CLÉOFILE, ÉPHESTION.

ÉPHESTION. Oui, tandis que vos rois délibèrent ensemble,
Et que tout se prépare au conseil qui s'assemble,
Madame, permettez que je vous parle aussi
Des secrètes raisons qui m'amènent ici.
Fidèle confident du beau feu de mon maître,
Souffrez que je l'explique aux yeux qui l'ont fait naître,
Et que pour ce héros j'ose vous demander
Le repos qu'à vos rois il veut bien accorder. .
Après tant de soupirs, que faut-il qu'il espère?
Attendez-vous encore après l'aveu d'un frère?
Voulez-vous que son cœur, incertain et confus,
Ne se donne jamais sans craindre vos refus?
Faut-il mettre à vos pieds le reste de la terre?
Faut-il donner la paix? faut-il faire la guerre?
Prononcez : Alexandre est tout prêt d'y courir,
Ou pour vous mériter, ou pour vous conquérir.
CLÉOFILE. Puis-je croire qu'un prince au comble de la gloire
De mes faibles attraits garde encor la mémoire;

Que, traînant après lui la victoire et l'effroi,
Il se puisse abaisser à soupirer pour moi!
Des captifs comme lui brisent bientôt leur chaîne :
A de plus hauts desseins la gloire les entraîne ;
Et l'amour dans leurs cœurs, interrompu, troublé,
Sous le faix des lauriers est bientôt accablé.
Tandis que ce héros me tint sa prisonnière,
J'ai pu toucher son cœur d'une atteinte légère ;
Mais je pense, seigneur, qu'en rompant mes liens,
Alexandre à son tour brisa bientôt les siens.

ÉPHESTION. Ah! si vous l'aviez vu, brûlant d'impatience,
Compter les tristes jours d'une si longue absence,
Vous sauriez que, l'amour précipitant ses pas,
Il ne cherchait que vous en courant aux combats.
C'est pour vous qu'on l'a vu, vainqueur de tant de princes,
D'un cours impétueux traverser vos provinces,
Et briser en passant, sous l'effort de ses coups,
Tout ce qui l'empêchait de s'approcher de vous.
On voit en même champ vos drapeaux et les nôtres;
De ses retranchements il découvre les vôtres :
Mais, après tant d'exploits, ce timide vainqueur
Craint qu'il ne soit encor bien loin de votre cœur.
Que lui sert de courir de contrée en contrée,
S'il faut que de ce cœur vous lui fermiez l'entrée;
Si, pour ne point répondre à de sincères vœux,
Vous cherchez chaque jour à douter de ses feux;
Si votre esprit, armé de mille défiances...

CLÉOFILE. Hélas! de tels soupçons sont de faibles défenses;
Et nos cœurs, se formant mille soins superflus,
Doutent toujours du bien qu'ils souhaitent le plus.
Oui, puisque ce héros veut que j'ouvre mon âme,
J'écoute avec plaisir le récit de sa flamme.
Je craignais que le temps n'en eût borné le cours ;
Je souhaite qu'il m'aime, et qu'il m'aime toujours.
Je dis plus : quand son bras força notre frontière,
Et dans les murs d'Omphis m'arrêta prisonnière,
Mon cœur, qui le voyait maître de l'univers,
Se consolait déjà de languir dans ses fers;
Et, loin de murmurer contre un destin si rude,

Il s'en fit, je l'avoue, une douce habitude ;
Et, de sa liberté perdant le souvenir,
Même en la demandant, craignait de l'obtenir :
Jugez si son retour me doit combler de joie.
Mais tout couvert de sang veut-il que je le voie !
Est-ce comme ennemi qu'il se vient présenter !
Et ne me cherche-t-il que pour me tourmenter !

CEL NANTEUIL   V. DOUT-EL

ÉPHESTION. Non, madame ; vaincu du pouvoir de vos charmes,
Il suspend aujourd'hui la terreur de ses armes ;
Il présente la paix à des rois aveuglés,
Et retire la main qui les eût accablés.
Il craint que la victoire, à ses vœux trop facile,
Ne conduise ses coups dans le sein de Taxile.
Son courage, sensible à vos justes douleurs,

Ne veut point de lauriers arrosés de vos pleurs.
Favorisez les soins où son amour l'engage;
Exemptez sa valeur d'un si triste avantage;
Et disposez des rois qu'épargne son courroux
A recevoir un bien qu'ils ne doivent qu'à vous.

CLÉOFILE. N'en doutez point, seigneur : mon âme inquiétée,
D'une crainte si juste est sans cesse agitée;
Je tremble pour mon frère, et crains que son trépas
D'un ennemi si cher n'ensanglante le bras.
Mais en vain je m'oppose à l'ardeur qui l'enflamme,
Axiane et Porus tyrannisent son âme;
Les charmes d'une reine et l'exemple d'un roi,
Dès que je veux parler, s'élèvent contre moi.
Que n'ai-je point à craindre en ce désordre extrême !
Je crains pour lui, je crains pour Alexandre même.
Je sais qu'en l'attaquant cent rois se sont perdus;
Je sais tous ses exploits; mais je connais Porus.
Nos peuples qu'on a vus, triomphants à sa suite,
Repousser les efforts du Persan et du Scythe,
Et, tout fiers des lauriers dont il les a chargés,
Vaincront à son exemple, ou périront vengés
Et je crains...

ÉPHESTION. Ah! quittez une crainte si vaine;
Laissez courir Porus où son malheur l'entraîne;
Que l'Inde en sa faveur arme tous ses États,
Et que le seul Taxile en détourne ses pas !
Mais les voici.

CLÉOFILE. Seigneur, achevez votre ouvrage;
Par vos sages conseils dissipez cet orage.
Ou, s'il faut qu'il éclate, au moins souvenez-vous
De le faire tomber sur d'autres que sur nous.

SCENE II.

PORUS, TAXILE, ÉPHESTION.

ÉPHESTION. Avant que le combat qui menace vos têtes
Mette tous vos États au rang de nos conquêtes,

Alexandre veut bien différer ses exploits,
Et vous offrir la paix pour la dernière fois.
Vos peuples, prévenus de l'espoir qui vous flatte,
Prétendaient arrêter le vainqueur de l'Euphrate ;
Mais l'Hydaspe, malgré tant d'escadrons épars,
Voit enfin sur ses bords flotter nos étendards :
Vous les verriez plantés jusque sur vos tranchées,
Et de sang et de morts vos campagnes jonchées,
Si ce héros, couvert de tant d'autres lauriers,
N'eût lui-même arrêté l'ardeur de nos guerriers.
Il ne vient point ici, souillé du sang des princes,
D'un triomphe barbare effrayer vos provinces,
Et cherchant à briller d'une triste splendeur,
Sur le tombeau des rois élever sa grandeur.
Mais vous-mêmes, trompés d'un vain espoir de gloire,
N'allez point dans ses bras irriter la victoire ;
Et lorsque son courroux demeure suspendu,
Princes, contentez-vous de l'avoir attendu.
Ne différez point tant à lui rendre l'hommage
Que vos cœurs, malgré vous, rendent à son courage ;
Et, recevant l'appui que vous offre son bras,
D'un si grand défenseur honorez vos États.
Voilà ce qu'un grand roi veut bien vous faire entendre,
Prêt à quitter le fer, et prêt à le reprendre.
Vous savez son dessein : choisissez aujourd'hui,
Si vous voulez tout perdre ou tenir tout de lui.

TAXILE. Seigneur, ne croyez pas qu'une fierté barbare
Nous fasse méconnaître une vertu si rare ;
Et que dans leur orgueil nos peuples affermis
Prétendent, malgré vous, être vos ennemis.
Nous rendons ce qu'on doit aux illustres exemples :
Vous adorez des dieux qui nous doivent leurs temples ;
Des héros qui chez vous passaient pour des mortels,
En venant parmi nous ont trouvé des autels.
Mais en vain l'on prétend, chez des peuples si braves,
Au lieu d'adorateurs se faire des esclaves :
Croyez-moi, quelque éclat qui les puisse toucher,
Ils refusent l'encens qu'on leur veut arracher.
Assez d'autres États, devenus vos conquêtes,

De leurs rois, sous le joug, ont vu ployer les têtes.
Après tous ces États qu'Alexandre a soumis,
N'est-il pas temps, seigneur, qu'il cherche des amis?
Tout ce peuple captif, qui tremble au nom d'un maître,
Soutient mal un pouvoir qui ne fait que de naître.
Ils ont, pour s'affranchir, les yeux toujours ouverts;
Votre empire n'est plein que d'ennemis couverts;
Ils pleurent en secret leurs rois sans diadèmes;
Vos fers trop étendus se relâchent d'eux-mêmes;
Et déjà dans leur cœur les Scythes mutinés
Vont sortir de la chaîne où vous nous destinez.
Essayez, en prenant notre amitié pour gage,
Ce que peut une foi qu'aucun serment n'engage;
Laissez un peuple au moins qui puisse quelquefois
Applaudir sans contrainte au bruit de vos exploits.
Je reçois à ce prix l'amitié d'Alexandre;
Et je l'attends déjà comme un roi doit attendre
Un héros dont la gloire accompagne les pas,
Qui peut tout sur mon cœur, et rien sur mes États.

PORUS. Je croyais, quand l'Hydaspe, assemblant ses provinces,
Au secours de ses bords fit voler tous ses princes,
Qu'il n'avait avec moi, dans des desseins si grands,
Engagé que des rois ennemis des tyrans;
Mais puisqu'un roi, flattant la main qui nous menace,
Parmi ses alliés brigue une indigne place,
C'est à moi de répondre aux vœux de mon pays,
Et de parler pour ceux que Taxile a trahis.
    Que vient chercher ici le roi qui vous envoie?
Quel est ce grand secours que son bras nous octroie?
De quel front ose-t-il prendre sous son appui
Des peuples qui n'ont point d'autre ennemi que lui?
Avant que sa fureur ravageât tout le monde,
L'Inde se reposait dans une paix profonde;
Et si quelques voisins en troublaient les douceurs,
Il portait dans son sein d'assez bons défenseurs.
Pourquoi nous attaquer? Par quelle barbarie
A-t-on de votre maître excité la furie?
Vit-on jamais chez lui nos peuples en courroux
Désoler un pays inconnu parmi nous?

Faut-il que tant d'États, de déserts, de rivières,
Soient entre nous et lui d'impuissantes barrières?
Et ne saurait-on vivre au bout de l'univers
Sans connaître son nom et le poids de ses fers?
Quelle étrange valeur, qui, ne cherchant qu'à nuire,
Embrasse tout sitôt qu'elle commence à luire;
Qui n'a que son orgueil pour règle et pour raison;
Qui veut que l'univers ne soit qu'une prison,
Et que, maître absolu de tous tant que nous sommes,
Ses esclaves en nombre égalent tous les hommes!
Plus d'États, plus de rois : ses sacriléges mains
Dessous un même joug rangent tous les humains.
Dans son avide orgueil je sais qu'il nous dévore :
De tant de souverains nous seuls régnons encore.
Mais, que dis-je, nous seuls? il ne reste que moi
Où l'on découvre encor les vestiges d'un roi.
Mais c'est pour mon courage une illustre matière :
Je vois d'un œil content trembler la terre entière,
Afin que par moi seul les mortels secourus,
S'ils sont libres, le soient de la main de Porus;
Et qu'on dise partout, dans une paix profonde :
« Alexandre vainqueur eût dompté tout le monde ;
» Mais un roi l'attendait au bout de l'univers,
» Par qui le monde entier a vu briser ses fers. »

ÉPHESTION. Votre projet, du moins, nous marque un grand courage;
Mais, seigneur, c'est bien tard s'opposer à l'orage :
Si le monde penchant n'a plus que cet appui,
Je le plains, et vous plains vous-même autant que lui.
Je ne vous retiens point; marchez contre mon maître :
Je voudrais seulement qu'on vous l'eût fait connaître;
Et que la renommée eût voulu, par pitié,
De ses exploits au moins vous conter la moitié;
Vous verriez...

         PORUS. Que verrais-je, et que pourrais-je apprendre
Qui m'abaisse si fort au-dessous d'Alexandre?
Serait-ce sans effort les Persans subjugués,
Et vos bras tant de fois de meurtres fatigués?
Quelle gloire, en effet, d'accabler la faiblesse
D'un roi déjà vaincu par sa propre mollesse;

D'un peuple sans vigueur et presque inanimé,
Qui gémissait sous l'or dont il était armé,
Et qui, tombant en foule, au lieu de se défendre,
N'opposait que des morts au grand cœur d'Alexandre !
Les autres, éblouis de ses moindres exploits,
Sont venus à genoux lui demander des lois ;
Et leur crainte écoutant je ne sais quels oracles,
Ils n'ont pas cru qu'un dieu pût trouver des obstacles.
Mais nous, qui d'un autre œil jugeons des conquérants,
Nous savons que les dieux ne sont pas des tyrans ;
Et de quelque façon qu'un esclave le nomme,
Le fils de Jupiter passe ici pour un homme.
Nous n'allons point de fleurs parfumer son chemin ;
Il nous trouve partout les armes à la main ;
Il voit à chaque pas arrêter ses conquêtes ;
Un seul rocher ici lui coûte plus de têtes,
Plus de soins, plus d'assauts, et presque plus de temps,
Que n'en coûte à son bras l'empire des Persans.
Ennemis du repos qui perdit ces infâmes,
L'or qui naît sous nos pas ne corrompt point nos âmes.
La gloire est le seul bien qui nous puisse tenter,
Et le seul que mon cœur cherche à lui disputer ;
C'est elle...

ÉPHESTION, *en se levant*: Et c'est aussi ce que cherche Alexandre.
A de moindres objets son cœur ne peut descendre.
C'est ce qui, l'arrachant du sein de ses États,
Au trône de Cyrus lui fit porter ses pas,
Et, du plus ferme empire ébranlant les colonnes,
Attaquer, conquérir, et donner les couronnes.
Et, puisque votre orgueil ose lui disputer
La gloire du pardon qu'il vous fait présenter,
Vos yeux, dès aujourd'hui témoins de sa victoire,
Verront de quelle ardeur il combat pour la gloire :
Bientôt le fer en main vous le verrez marcher.

PORUS. Allez donc : je l'attends, ou je le vais chercher.

SCÈNE III.

PORUS, TAXILE.

TAXILE. Quoi! vous voulez au gré de votre impatience...

PORUS. Non, je ne prétends point troubler votre alliance :.
Éphestion, aigri seulement contre moi,
De vos soumissions rendra compte à son roi.
Les troupes d'Axiane, à me suivre engagées,
Attendent le combat sous mes drapeaux rangées;
De son trône et du mien je soutiendrai l'éclat,
Et vous serez, seigneur, le juge du combat;
A moins que votre cœur, animé d'un beau zèle,
De vos nouveaux amis n'embrasse la querelle.

SCÈNE IV.

AXIANE, PORUS, TAXILE.

AXIANE, à *Taxile*. Ah! que dit-on de vous, seigneur! Nos ennemis
Se vantent que Taxile est à moitié soumis;
Qu'il ne marchera point contre un roi qu'il respecte.

TAXILE. La foi d'un ennemi doit être un peu suspecte,
Madame; avec le temps ils me connaîtront mieux.

AXIANE. Démentez donc, seigneur, ce bruit injurieux;
De ceux qui l'ont semé confondez l'insolence;
Allez, comme Porus, les forcer au silence,
Et leur faire sentir, par un juste courroux,
Qu'ils n'ont point d'ennemi plus funeste que vous.

TAXILE. Madame, je m'en vais disposer mon armée;
Écoutez moins ce bruit qui vous tient alarmée :
Porus fait son devoir, et je ferai le mien.

SCENE V.

AXIANE, PORUS.

AXIANE. Cette sombre froideur ne m'en dit pourtant rien,
Lâche; et ce n'est point là, pour me le faire croire,

La démarche d'un roi qui court à la victoire.

Il n'en faut plus douter, et nous sommes trahis :

Il immole à sa sœur sa gloire et son pays ;

Et sa haine, seigneur, qui cherche à vous abattre,

Attend pour éclater que vous alliez combattre.

PORUS. Madame, en le perdant je perds un faible appui ;

Je le connaissais trop pour m'assurer sur lui.

Mes yeux sans se troubler ont vu son inconstance ;

Je craignais beaucoup plus sa molle résistance.

Un traître, en nous quittant pour complaire à sa sœur,

Nous affaiblit bien moins qu'un lâche défenseur.

AXIANE. Et cependant, seigneur, qu'allez-vous entreprendre ?

Vous marchez sans compter les forces d'Alexandre ;

Et, courant presque seul au-devant de leurs coups,

Contre tant d'ennemis vous n'opposez que vous.

PORUS. Hé quoi ! voudriez-vous qu'à l'exemple d'un traître

Ma frayeur conspirât à vous donner un maître ;

Que Porus, dans un camp se laissant arrêter,

Refusât le combat qu'il vient de présenter ?

Non, non, je n'en crois rien. Je connais mieux, madame,

Le beau feu que la gloire allume dans votre âme :

C'est vous, je m'en souviens, dont les puissants appas

Excitaient tous nos rois, les traînaient aux combats ;

Et de qui la fierté, refusant de se rendre,

Ne voulait pour amant qu'un vainqueur d'Alexandre.

Il faut vaincre, et j'y cours, bien moins pour éviter

Le titre de captif, que pour le mériter.

Oui, madame, je vais, dans l'ardeur qui m'entraîne,

Victorieux ou mort mériter votre chaîne ;

Et puisque mes soupirs s'expliquaient vainement

A ce cœur que la gloire occupe seulement,

Je m'en vais, par l'éclat qu'une victoire donne,

Attacher de si près la gloire à ma personne,

Que je pourrai peut-être amener votre cœur

De l'amour de la gloire à l'amour du vainqueur.

AXIANE. Hé bien ! seigneur, allez. Taxile aura peut-être

Des sujets dans son camp plus braves que leur maître ;

Je vais les exciter par un dernier effort.

Après, dans votre camp j'attendrai votre sort.

Ne vous informez point de l'état de mon âme :
Triomphez et vivez.

      PORUS. Qu'attendez-vous, madame ?
Pourquoi, dès ce moment, ne puis-je pas savoir
Si mes tristes soupirs ont pu vous émouvoir ?
Voulez-vous, car le sort, adorable Axiane,
A ne plus vous revoir peut-être me condamne ;
Voulez-vous qu'en mourant un prince infortuné
Ignore à quelle gloire il était destiné ?
Parlez.

AXIANE. Que vous dirai-je ?

      PORUS. Ah ! divine princesse,
Si vous sentiez pour moi quelque heureuse faiblesse,
Ce cœur, qui me promet tant d'estime en ce jour,
Me pourrait bien encor promettre un peu d'amour.
Contre tant de soupirs peut-il bien se défendre ?
Peut-il...

  AXIANE. Allez, seigneur, marchez contre Alexandre.
La victoire est à vous, si ce fameux vainqueur
Ne se défend pas mieux contre vous que mon cœur.

ACTE TROISIÈME

SCÈNE I.

AXIANE, CLÉOFILE.

AXIANE. Quoi! madame, en ces lieux on me tient enfermée!
Je ne puis au combat voir marcher mon armée!
Et, commençant par moi sa noire trahison,
Taxile de son camp me fait une prison!
C'est donc là cette ardeur qu'il me faisait paraître!
Cet humble adorateur se déclare mon maître!
Et déjà son amour, lassé de ma rigueur,
Captive ma personne au défaut de mon cœur!
CLÉOFILE. Expliquez mieux les soins et les justes alarmes
D'un roi qui pour vainqueurs ne connaît que vos charmes;
Et regardez, madame, avec plus de bonté
L'ardeur qui l'intéresse à votre sûreté.
Tandis qu'autour de nous deux puissantes armées,
D'une égale chaleur au combat animées,
De leur fureur partout font voler les éclats,
De quel autre côté conduiriez-vous vos pas?
Où pourriez-vous ailleurs éviter la tempête?

Un plein calme en ces lieux assure votre tête :
Tout est tranquille...

AXIANE. Et c'est cette tranquillité
Dont je ne puis souffrir l'indigne sûreté.
Quoi ! lorsque mes sujets, mourant dans une plaine,
Sur les pas de Porus combattent pour leur reine,
Qu'au prix de tout leur sang ils signalent leur foi,
Que le cri des mourants vient presque jusqu'à moi,
On me parle de paix ; et le camp de Taxile
Garde dans ce désordre une assiette tranquille !
On flatte ma douleur d'un calme injurieux !
Sur des objets de joie on arrête mes yeux !

CLÉOFILE. Madame, voulez-vous que l'amour de mon frère
Abandonne au péril une tête si chère ?
Il sait trop les hasards...

AXIANE. Et pour m'en détourner
Ce généreux amant me fait emprisonner !
Et, tandis que pour moi son rival se hasarde,
Sa paisible valeur me sert ici de garde !

CLÉOFILE. Que Porus est heureux ! le moindre éloignement
A votre impatience est un cruel tourment ;
Et, si l'on vous croyait, le soin qui vous travaille
Vous le ferait chercher jusqu'au champ de bataille.

AXIANE. Je ferais plus, madame : un mouvement si beau
Me le ferait chercher jusque dans le tombeau,
Perdre tous mes États, et voir d'un œil tranquille
Alexandre en payer le cœur de Cléofile.

CLÉOFILE. Si vous cherchez Porus, pourquoi m'abandonner ?
Alexandre en ces lieux pourra le ramener.
Permettez que, veillant au soin de votre tête,
A cet heureux amant l'on garde sa conquête.

AXIANE. Vous triomphez, madame ; et déjà votre cœur
Vole vers Alexandre, et le nomme vainqueur ;
Mais, sur la seule foi d'un amour qui vous flatte,
Peut-être avant le temps ce grand orgueil éclate :
Vous poussez un peu loin vos vœux précipités,
Et vous croyez trop tôt ce que vous souhaitez.
Oui, oui...

CLÉOFILE. Mon frère vient ; et nous allons apprendre

Qui de nous deux, madame, aura pu se méprendre.

AXIANE. Ah ! je n'en doute plus ; et ce front satisfait
Dit assez à mes yeux que Porus est défait.

SCENE II.

TAXILE, AXIANE, CLÉOFILE.

TAXILE. Madame, si Porus, avec moins de colère,
Eût suivi les conseils d'une amitié sincère,
Il m'aurait en effet épargné la douleur
De vous venir moi-même annoncer son malheur.

AXIANE. Quoi ! Porus...

TAXILE. C'en est fait ; et sa valeur trompée
Des maux que j'ai prévus se voit enveloppée.
Ce n'est pas (car mon cœur, respectant sa vertu,
N'accable point encore un rival abattu),
Ce n'est pas que son bras, disputant la victoire,
N'en ait aux ennemis ensanglanté la gloire ;
Qu'elle-même, attachée à ses faits éclatants,
Entre Alexandre et lui n'ait douté quelque temps :
Mais enfin contre moi sa vaillance irritée,
Avec trop de chaleur s'était précipitée.
J'ai vu ses bataillons rompus et renversés,
Vos soldats en désordre, et les siens dispersés ;
Et lui-même, à la fin, entraîné dans leur fuite,
Malgré lui du vainqueur éviter la poursuite ;
Et, de son vain courroux trop tard désabusé,
Souhaiter le secours qu'il avait refusé.

AXIANE. Qu'il avait refusé ! Quoi donc ! pour ta patrie
Ton indigne courage attend que l'on te prie !
Il faut donc, malgré toi, te traîner aux combats,
Et te forcer toi-même à sauver tes États !
L'exemple de Porus, puisqu'il faut qu'on t'y porte,
Dis-moi, n'était-ce pas une voix assez forte ?
Ce héros en péril, ta maîtresse en danger,
Tout l'État périssant n'a pu t'encourager !

Va, tu sers bien le maître à qui ta sœur te donne.
Achève, et fais de moi ce que ta haine ordonne.
Garde à tous les vaincus un traitement égal,
Enchaîne ta maîtresse, en livrant ton rival.

Aussi bien c'en est fait : sa disgrâce et ton crime
Ont placé dans mon cœur ce héros magnanime.
Je l'adore! et je veux, avant la fin du jour,
Déclarer à la fois ma haine et mon amour;

Lui vouer, à tes yeux, une amitié fidèle,
Et te jurer, aux siens, une haine immortelle.
Adieu. Tu me connais : aime-moi si tu veux.

TAXILE. Ah! n'espérez de moi que de sincères vœux,
Madame; n'attendez ni menaces ni chaînes :
Alexandre sait mieux ce qu'on doit à des reines.
Souffrez que sa douceur vous oblige à garder
Un trône que Porus devait moins hasarder;
Et moi-même en aveugle on me verrait combattre
La sacrilége main qui le voudrait abattre.

AXIANE. Quoi! par l'un de vous deux mon sceptre raffermi
Deviendrait dans mes mains le don d'un ennemi!
Et sur mon propre trône on me verrait placée
Par le même tyran qui m'en aurait chassée!

TAXILE. Des reines et des rois vaincus par sa valeur
Ont laissé par ses soins adoucir leur malheur.
Voyez de Darius et la femme et la mère :
L'une le traite en fils, l'autre le traite en frère.

AXIANE. Non, non, je ne sais point vendre mon amitié,
Caresser un tyran, et régner par pitié.
Penses-tu que j'imite une faible Persane;
Qu'à la cour d'Alexandre on retienne Axiane;
Et qu'avec mon vainqueur, courant tout l'univers,
J'aille vanter partout la douceur de ses fers?
S'il donne les États, qu'il te donne les nôtres;
Qu'il te pare, s'il veut, des dépouilles des autres.
Règne : Porus ni moi n'en serons point jaloux;
Et tu seras encor plus esclave que nous.
J'espère qu'Alexandre, amoureux de sa gloire,
Et fâché que ton crime ait souillé sa victoire,
S'en lavera bientôt par ton propre trépas.
Des traîtres comme toi font souvent des ingrats :
Et de quelque faveur que sa main t'éblouisse,
Du perfide Bessus regarde le supplice.
Adieu.

SCÈNE III.

CLÉOFILE, TAXILE.

CLÉOFILE. Cédez, mon frère, à ce bouillant transport :
Alexandre et le temps vous rendront le plus fort ;
Et cet âpre courroux, quoi qu'elle en puisse dire,
Ne s'obstinera point au refus d'un empire.
Maître de ses destins, vous l'êtes de son cœur.
Mais, dites-moi, vos yeux ont-ils vu le vainqueur ?
Quel traitement, mon frère, en devons-nous attendre ?
Qu'a-t-il dit ?

TAXILE. Oui, ma sœur, j'ai vu votre Alexandre.
D'abord, ce jeune éclat qu'on remarque en ses traits
M'a semblé démentir le nombre de ses faits.
Mon cœur, plein de son nom, n'osait, je le confesse,
Accorder tant de gloire avec tant de jeunesse ;
Mais de ce même front l'héroïque fierté,
Le feu de ses regards, sa haute majesté,
Font connaître Alexandre ; et certes son visage
Porte de sa grandeur l'infaillible présage ;
Et sa présence auguste appuyant ses projets,
Ses yeux comme son bras font partout des sujets.
Il sortait du combat. Ébloui de sa gloire,
Je croyais dans ses yeux voir briller la victoire.
Toutefois, à ma vue, oubliant sa fierté,
Il a fait à son tour éclater sa bonté.
Ses transports ne m'ont point déguisé sa tendresse
« Retournez, m'a-t-il dit, auprès de la princesse ;
» Disposez ses beaux yeux à revoir un vainqueur
» Qui va mettre à ses pieds sa victoire et son cœur. »
Il marche sur mes pas. Je n'ai rien à vous dire,
Ma sœur : de votre sort je vous laisse l'empire ;
Je vous confie encor la conduite du mien.

CLÉOFILE. Vous aurez tout pouvoir, ou je ne pourrai rien.
Tout va vous obéir, si le vainqueur m'écoute.

TAXILE. Je vais donc... Mais on vient. C'est lui-même sans doute.

SCÈNE IV.

ALEXANDRE, TAXILE, CLÉOFILE, ÉPHESTION;
SUITE D'ALEXANDRE.

ALEXANDRE. Allez, Éphestion. Que l'on cherche Porus;
Qu'on épargne sa vie et le sang des vaincus.

SCENE V.

ALEXANDRE, TAXILE, CLÉOFILE.

ALEXANDRE, à *Taxile*. Seigneur, est-il donc vrai qu'une reine aveuglée
Vous préfère d'un roi la valeur déréglée?
Mais ne le craignez point : son empire est à vous;
D'une ingrate, à ce prix, fléchissez le courroux.
Maître de deux États, arbitre des siens mêmes,
Allez avec vos vœux offrir trois diadèmes.
TAXILE. Ah! c'en est trop, seigneur! prodiguez un peu moins...
ALEXANDRE. Vous pourrez à loisir reconnaître mes soins.
Ne tardez point, allez où l'amour vous appelle;
Et couronnez vos feux d'une palme si belle.

SCENE VI.

ALEXANDRE, CLÉOFILE.

ALEXANDRE. Madame, à son amour je promets mon appui :
Ne puis-je rien pour moi quand je puis tout pour lui?
Si prodigue envers lui des fruits de la victoire,
N'en aurai-je pour moi qu'une stérile gloire?
Les sceptres devant vous ou rendus ou donnés,
De mes propres lauriers mes amis couronnés,
Les biens que j'ai conquis répandus sur leurs têtes,
Font voir que je soupire après d'autres conquêtes.
Je vous avais promis que l'effort de mon bras
M'approcherait bientôt de vos divins appas;

Mais, dans ce même temps, souvenez-vous, madame,
Que vous me promettiez quelque place en votre âme.
Je suis venu : l'amour a combattu pour moi ;
La victoire elle-même a dégagé ma foi ;
Tout cède autour de vous : c'est à vous de vous rendre ;
Votre cœur l'a promis, voudra-t-il se défendre ?
Et lui seul pourrait-il échapper aujourd'hui,
A l'ardeur d'un vainqueur qui ne cherche que lui ?

CLÉOFILE. Non, je ne prétends pas que ce cœur inflexible
Garde seul contre vous le titre d'invincible :
Je rends ce que je dois à l'éclat des vertus
Qui tiennent sous vos pieds cent peuples abattus.
Les Indiens domptés sont vos moindres ouvrages ;
Vous inspirez la crainte aux plus fermes courages ;
Et, quand vous le voudrez, vos bontés, à leur tour,
Dans les cœurs les plus durs inspireront l'amour.
Mais, seigneur, cet éclat, ces victoires, ces charmes,
Me troublent bien souvent par de justes alarmes :
Je crains que, satisfait d'avoir conquis un cœur,
Vous ne l'abandonniez à sa triste langueur ;
Qu'insensible à l'ardeur que vous aurez causée,
Votre âme ne dédaigne une conquête aisée.
On attend peu d'amour d'un héros tel que vous :
La gloire fit toujours vos transports les plus doux ;
Et peut-être, au moment que ce grand cœur soupire,
La gloire de me vaincre est tout ce qu'il désire.

ALEXANDRE. Que vous connaissez mal les violents désirs
D'un amour qui vers vous porte tous mes soupirs !
J'avoûrai qu'autrefois, au milieu d'une armée,
Mon cœur ne soupirait que pour la renommée ;
Les peuples et les rois, devenus mes sujets,
Étaient seuls, à mes vœux, d'assez dignes objets.
Les beautés de la Perse à mes yeux présentées,
Aussi bien que ses rois, ont paru surmontées :
Mon cœur, d'un fier mépris armé contre leurs traits,
N'a pas du moindre hommage honoré leurs attraits ;
Amoureux de la gloire, et partout invincible,
Il mettait son bonheur à paraître insensible.
Mais, hélas ! que vos yeux, ces aimables tyrans,

Ont produit sur mon cœur des effets différents !
Ce grand nom de vainqueur n'est plus ce qu'il souhaite ;
Il vient avec plaisir avouer sa défaite :
Heureux, si, votre cœur se laissant émouvoir,
Vos beaux yeux, à leur tour, avouaient leur pouvoir !
Voulez-vous donc toujours douter de leur victoire,
Toujours de mes exploits me reprocher la gloire !
Comme si les beaux nœuds où vous me tenez pris
Ne devaient arrêter que de faibles esprits.
Par des faits tout nouveaux je m'en vais vous apprendre
Tout ce que peut l'amour sur le cœur d'Alexandre :
Maintenant que mon bras, engagé sous vos lois,
Doit soutenir mon nom et le vôtre à la fois,
J'irai rendre fameux, par l'éclat de la guerre,
Des peuples inconnus au reste de la terre,
Et vous faire dresser des autels en des lieux
Où leurs sauvages mains en refusent aux dieux.

CLÉOFILE. Oui, vous y traînerez la victoire captive ;
Mais je doute, seigneur, que l'amour vous y suive.
Tant d'États, tant de mers, qui vont nous désunir,
M'effaceront bientôt de votre souvenir.
Quand l'océan troublé vous verra sur son onde
Achever quelque jour la conquête du monde ;
Quand vous verrez les rois tomber à vos genoux,
Et la terre en tremblant se taire devant vous,
Songerez-vous, seigneur, qu'une jeune princesse,
Au fond de ses États vous regrette sans cesse,
Et rappelle en son cœur les moments bienheureux
Où ce grand conquérant l'assurait de ses feux ?

ALEXANDRE. Hé quoi ! vous croyez donc qu'à moi-même barbare
J'abandonne en ces lieux une beauté si rare !
Mais vous-même plutôt, voulez-vous renoncer
Au trône de l'Asie, où je vous veux placer !

CLÉOFILE. Seigneur, vous le savez, je dépends de mon frère.

ALEXANDRE. Ah ! s'il disposait seul du bonheur que j'espère,
Tout l'empire de l'Inde asservi sous ses lois
Bientôt en ma faveur irait briguer son choix.

CLÉOFILE. Mon amitié pour lui n'est point intéressée.
Apaisez seulement une reine offensée ;

Et ne permettez pas qu'un rival aujourd'hui,
Pour vous avoir bravé, soit plus heureux que lui.
ALEXANDRE. Porus était sans doute un rival magnanime :
Jamais tant de valeur n'attira mon estime.
Dans l'ardeur du combat, je l'ai vu, je l'ai joint ;
Et je puis dire encor qu'il ne m'évitait point :
Nous nous cherchions l'un l'autre. Une fierté si belle
Allait entre nous deux finir notre querelle,
Lorsqu'un gros de soldats, se jetant entre nous,
Nous a fait dans la foule ensevelir nos coups.

SCÈNE VII.

ALEXANDRE, CLÉOFILE, ÉPHESTION.

ALEXANDRE. Hé bien, ramène-t-on ce prince téméraire ?
ÉPHESTION. On le cherche partout ; mais, quoi qu'on puisse faire,
Seigneur, jusques ici sa fuite ou son trépas
Dérobe ce captif aux soins de vos soldats.
Mais un reste des siens entourés dans leur fuite,
Et du soldat vainqueur arrêtant la poursuite,
A nous vendre leur mort semble se préparer.
ALEXANDRE. Désarmez les vaincus sans les désespérer.
Madame, allons fléchir une fière princesse,
Afin qu'à mon amour Taxile s'intéresse ;
Et, puisque mon repos doit dépendre du sien,
Achevons son bonheur pour établir le mien.

ACTE QUATRIEME

SCÈNE I.

AXIANE.

N'entendrons-nous jamais que des cris de victoire,
Qui de mes ennemis me reprochent la gloire?
Et ne pourrai-je au moins, en de si grands malheurs,
M'entretenir moi seule avecque mes douleurs?
D'un odieux amant sans cesse poursuivie,
On prétend, malgré moi, m'attacher à la vie :
On m'observe, on me suit. Mais, Porus, ne crois pas
Qu'on me puisse empêcher de courir sur tes pas.
Sans doute à nos malheurs ton cœur n'a pu survivre.
En vain tant de soldats s'arment pour te poursuivre :
On te découvrirait au bruit de tes efforts;
Et, s'il te faut chercher, ce n'est qu'entre les morts.
Hélas! en me quittant, ton ardeur redoublée
Semblait prévoir les maux dont je suis accablée,
Lorsque tes yeux, aux miens découvrant ta langueur,
Me demandaient quel rang tu tenais dans mon cœur;
Que, sans t'inquiéter du succès de tes armes,
Le soin de ton amour te causait tant d'alarmes.
Et pourquoi te cachais-je avec tant de détours

Un secret si fatal au repos de tes jours !
Combien de fois, tes yeux forçant ma résistance,
Mon cœur s'est-il vu près de rompre le silence !
Combien de fois, sensible à tes ardents désirs,
M'est-il, en ta présence, échappé des soupirs !
Mais je voulais encor douter de ta victoire ;
J'expliquais mes soupirs en faveur de la gloire ;
Je croyais n'aimer qu'elle. Ah ! pardonne, grand roi,
Je sens bien aujourd'hui que je n'aimais que toi.
J'avoûrai que la gloire eut sur moi quelque empire ;
Je te l'ai dit cent fois. Mais je devais te dire
Que toi seul, en effet, m'engageas sous ses lois.
J'appris à la connaître en voyant tes exploits ;
Et, de quelque beau feu qu'elle m'eût enflammée,
En un autre que toi je l'aurais moins aimée.
Mais que sert de pousser des soupirs superflus
Qui se perdent en l'air et que tu n'entends plus ?
Il est temps que mon âme, au tombeau descendue,
Te jure une amitié si long-temps attendue ;
Il est temps que mon cœur, pour gage de sa foi,
Montre qu'il n'a pu vivre un moment après toi.
Aussi bien, penses-tu que je voulusse vivre
Sous les lois d'un vainqueur à qui ta mort nous livre ?
Je sais qu'il se dispose à me venir parler ;
Qu'en me rendant mon sceptre il veut me consoler.
Il croit peut-être, il croit que ma haine étouffée
A sa fausse douceur servira de trophée !
Qu'il vienne. Il me verra, toujours digne de toi,
Mourir en reine, ainsi que tu mourus en roi.

SCENE II.

ALEXANDRE, AXIANE.

AXIANE. Hé bien, seigneur, hé bien, trouvez-vous quelques charmes
A voir couler des pleurs que font verser vos armes ?
Ou si vous m'enviez, en l'état où je suis,
La triste liberté de pleurer mes ennuis !

ALEXANDRE. Votre douleur est libre autant que légitime :
Vous regrettez, madame, un prince magnanime.
Je fus son ennemi; mais je ne l'étais pas
Jusqu'à blâmer les pleurs qu'on donne à son trépas.
Avant que sur ses bords l'Inde me vît paraître,
L'éclat de sa vertu me l'avait fait connaître ;
Entre les plus grands rois il se fit remarquer.
Je savais...
     AXIANE. Pourquoi donc le venir attaquer?
Par quelle loi faut-il qu'aux deux bouts de la terre
Vous cherchiez la vertu pour lui faire la guerre?
Le mérite à vos yeux ne peut-il éclater
Sans pousser votre orgueil à le persécuter?
ALEXANDRE. Oui, j'ai cherché Porus; mais, quoi qu'on puisse dire,
Je ne le cherchais pas afin de le détru...
J'avoûrai que, brûlant de signaler mon bras,
Je me laissai conduire au bruit de ses combats,
Et qu'au seul nom d'un roi jusqu'alors invincible,
A de nouveaux exploits mon cœur devint sensible.
Tandis que je croyais, par mes combats divers,
Attacher sur moi seul les yeux de l'univers,
J'ai vu de ce guerrier la valeur répandue
Tenir la renommée entre nous suspendue ;
Et, voyant de son bras voler partout l'effroi,
L'Inde sembla m'ouvrir un champ digne de moi.
Lassé de voir des rois vaincus sans résistance,
J'appris avec plaisir le bruit de sa vaillance.
Un ennemi si noble a su m'encourager ;
Je suis venu chercher la gloire et le danger.
Son courage, madame, a passé mon attente :
La victoire, à me suivre autrefois si constante,
M'a presque abandonné pour suivre vos guerriers.
Porus m'a disputé jusqu'aux moindres lauriers ;
Et j'ose dire encor qu'en perdant la victoire
Mon ennemi lui-même a vu croître sa gloire;
Q'une chute si belle élève sa vertu,
Et qu'il ne voudrait pas n'avoir point combattu.
AXIANE. Hélas! il fallait bien qu'une si noble envie
Lui fît abandonner tout le soin de sa vie,

Puisque, de toutes parts trahi, persécuté,
Contre tant d'ennemis il s'est précipité.
Mais vous, s'il était vrai que son ardeur guerrière
Eût ouvert à la vôtre une illustre carrière,
Que n'avez-vous, seigneur, dignement combattu?
Fallait-il par la ruse attaquer sa vertu,
Et, loin de remporter une gloire parfaite,
D'un autre que de vous attendre sa défaite?
Triomphez; mais sachez que Taxile en son cœur
Vous dispute déjà ce beau nom de vainqueur;
Que le traître se flatte, avec quelque justice,
Que vous n'avez vaincu que par son artifice :
Et c'est à ma douleur un spectacle assez doux
De le voir partager cette gloire avec vous.

ALEXANDRE. En vain votre douleur s'arme contre ma gloire :
Jamais on ne m'a vu dérober la victoire,
Et par ces lâches soins, qu'on ne peut m'imputer,
Tromper mes ennemis au lieu de les dompter.
Quoique partout, ce semble, accablé sous le nombre,
Je n'ai pu me résoudre à me cacher dans l'ombre :
Ils n'ont de leur défaite accusé que mon bras;
Et le jour a partout éclairé mes combats.
Il est vrai que je plains le sort de vos provinces;
J'ai voulu prévenir la perte de vos princes;
Mais, s'ils avaient suivi mes conseils et mes vœux,
Je les aurais sauvés ou combattus tous deux.
Oui, croyez...

AXIANE. Je crois tout. Je vous crois invincible :
Mais, seigneur, suffit-il que tout vous soit possible?
Ne tient-il qu'à jeter tant de rois dans les fers,
Qu'à faire impunément gémir tout l'univers?
Et que vous avaient fait tant de villes captives,
Tant de morts dont l'Hydaspe a vu couvrir ses rives!
Qu'ai-je fait pour venir accabler en ces lieux
Un héros sur qui seul j'ai pu tourner les yeux?
A-t-il de votre Grèce inondé les frontières?
Avons-nous soulevé des nations entières,
Et contre votre gloire excité leur courroux!
Hélas! nous l'admirions sans en être jaloux.

Contents de nos États, et charmés l'un de l'autre,
Nous attendions un sort plus heureux que le vôtre :
Porus bornait ses vœux à conquérir un cœur
Qui peut-être aujourd'hui l'eût nommé son vainqueur.
Ah ! n'eussiez-vous versé qu'un sang si magnanime,
Quand on ne vous pourrait reprocher que ce crime,
Ne vous sentez-vous pas, seigneur, bien malheureux
D'être venu si loin rompre de si beaux nœuds ?
Non, de quelque douceur que se flatte votre âme,
Vous n'êtes qu'un tyran.

   ALEXANDRE. Je le vois bien, madame,
Vous voulez que, saisi d'un indigne courroux,
En reproches honteux j'éclate contre vous.
Peut-être espérez-vous que ma douceur lassée
Donnera quelque atteinte à sa gloire passée.
Mais quand votre vertu ne m'aurait point charmé,
Vous attaquez, madame, un vainqueur désarmé.
Mon âme, malgré vous à vous plaindre engagée,
Respecte le malheur où vous êtes plongée.
C'est ce trouble fatal qui vous ferme les yeux,
Qui ne regarde en moi qu'un tyran odieux.
Sans lui vous avoûriez que le sang et les larmes
N'ont pas toujours souillé la gloire de mes armes ;
Vous verriez...

   AXIANE. Ah, seigneur ! puis-je ne les point voir,
Ces vertus dont l'éclat aigrit mon désespoir ?
N'ai-je pas vu partout la victoire modeste
Perdre avec vous l'orgueil qui la rend si funeste ?
Ne vois-je pas le Scythe et le Perse abattus
Se plaire sous le joug et vanter vos vertus,
Et disputer enfin, par une aveugle envie,
A vos propres sujets le soin de votre vie ?
Mais que sert à ce cœur que vous persécutez
De voir partout ailleurs adorer vos bontés ?
Pensez-vous que ma haine en soit moins violente,
Pour voir baiser partout la main qui me tourmente ?
Tant de rois par vos soins vengés ou secourus,
Tant de peuples contents, me rendent-ils Porus ?
Non, seigneur : je vous hais d'autant plus qu'on vous aime,

CONDITIONS DE LA SOUSCRIPTION.

L'Édition illustrée de RACINE sera publiée en 50 livraisons. L'Éditeur garantit que ce nombre ne sera pas dépassé.

L'ouvrage formera un fort volume très-grand in-8°, papier vélin glacé.

Le prix de la livraison est de 40 cent., contenant 16 pages de texte grand in-8°, illustrée de 3 à 4 gravures et d'une grande vignette tirée sur papier teinté; et 50 cent. la livraison avec une grande vignette tirée sur papier de Chine; 10 cent. en sus par la poste.

Pour faciliter les souscriptions, chaque Tragédie se vendra séparément.

Il paraîtra une ou deux livraisons par semaine.

On souscrit à Paris,

CHEZ L'ÉDITEUR, CHARLES GUILLER,

5, RUE DU PONT-DE-LODI;

CHEZ GARNIER FRÈRES, PALAIS-ROYAL, GALERIE D'ORLÉANS,

ET CHEZ TOUS LES LIBRAIRES DE LA FRANCE ET DE L'ÉTRANGER.

On souscrit également chez les mêmes libraires

A

MATHILDE, PAR EUGÈNE SUE,

Édition illustrée grand format in-8°, en 70 livraisons, ornée de 250 à 300 Dessins.

Le premier volume est en vente.

Le prix de la livraison est de 50 centimes. Chaque livraison contient une feuille de 16 pages de texte, une grande gravure sur bois, imprimée sur feuillet séparé et représentant soit une scène, soit un personnage-type en pied, et trois ou quatre gravures moyennes dans le texte; le tout renfermé dans une couverture imprimée avec vignette.

ŒUVRES DE BARNAVE,

4 volumes in-8°. — Prix : 20 fr.

Sous presse, pour paraître incessamment :

CORNEILLE ILLUSTRÉ.

— PARIS, IMPRIMÉ PAR BÉTHUNE ET PLON. —